Dagobert de Levie

Die Menschenliebe im Zeitalter der Aufklärung

Dagobert de Levie

Professor an der Pennsylvania State University

Die Menschenliebe im Zeitalter der Aufklärung

Säkularisation und Moral im 18. Jahrhundert

Ein Beitrag zur Ideengeschichte
des 18. Jahrhunderts

Herbert Lang
Bern und Frankfurt/M.

ISBN 3 261 01635 3

Druck: Lang Druck AG, Liebefeld/Bern (Schweiz)

Zum Gedenken
an Herbert Schöffler

"Was aber ist das Glück? Was alle Toren meiden:
Der Zustand wahrer Lust und dauerhafter Freuden:
Empfindung, Kenntnis, Wahl der Vollkommenheit,
Ein Wandel ohne Reu' und stete Fertigkeit,
Nach den natürlichen und wesentlichen Pflichten
die freien Handlungen auf einen Zweck zu richten."

(Hagedorn, *"Die Glückseligkeit"*)

Inhaltsverzeichnis

EINFÜHRUNG

Es fehlt immer noch an ausführlichen Untersuchungen über eine ganze Reihe von Wörtern oder Begriffen, die uns die Grundlinien der deutschen Geistesgeschichte des 18. Jahrhunderts erkennen lassen und zum besseren Verständnis der so folgenreichen Epoche der Aufklärung beitragen können. Ideengeschichtlich richtungweisend und von wesentlicher Bedeutung für die Sprachgeschichte sind die vorhandenen Verzeichnisse von Mode- und Schlagwörtern des 18. Jahrhunderts, die mit ihren chronologischen Bestimmungen und literarischen Belegen erste und grundlegende Auskunft erteilen über das Auftauchen neuer Wörter. Ihre eigentliche Nutzanwendung finden diese aber wohl darin, dass sie zum weiteren Fragen und Forschen anregen.

Dass die moralphilosophischen Grundbegriffe der zeitgenössischen Sittenlehren bei der Erforschung des geistesgeschichtlichen Hintergrundes der deutschen Aufklärung nicht übersehen werden dürfen, versteht sich schon daraus, dass die Beantwortung der Frage nach der Menschen Tun und Lassen und ihrer irdischen Bestimmung zu den grundsätzlichsten Problemen gehörte, die das sogenannte philosophische Zeitalter sich zu lösen zutraute.

Für die von Dogma und Theologie befreite Vernunftmoral war die im zeitlichen Leben erreichbare *Glückseligkeit* der letzte Zweck und das höchste Gut aller Menschen. Die Weisheit, so begann Johann Christoph Gottsched seine *Ersten Gründe der gesammten Weltweisheit,* sei eine Wissenschaft der Glückseligkeit.

Diese in ihrem Wesen zu erfassen und durch verlässliche Lebensregeln zu fördern, war in der Tat die vornehmste und lebenswichtigste Aufgabe der aufgeklärten Moralphilosophen. Die wahre und grösste Glückseligkeit des Menschen bestehe in seiner *Gemütsruhe,* meinte Christian Thomasius, "weil der Mensch bey alle denen andern Gütern, als Reichthum, Ehre, Freyheit, Freunden, dem decoro, der Gesundheit, der Weissheit, der Tugend, wiewohl bey denen meisten vergeblich nach diesem Gute trachtet und in denenselben seine Ruhe suchet; wer aber die Gemüts-Ruhe einmahl besitzet, und um nichts mehr als um derselben Erhaltung bekümmert ist, auch der andern Güter, die eben zur selben so sonderlich nichts contribuieren, gar leicht entbehren kan". Christian Wolff, der die geistige Entwicklung Deutschlands in der ersten Hälfte des 18. Jahrhunderts wie kein zweiter beeinflusst hat und gleichfalls die Förderung der Glückseligkeit zum Hauptanliegen seiner Ethik machte, bestimmte die Glückseligkeit als den *Zustand einer beständigen Freude oder eines beständigen Vergnügens.*

An das Problem der Wesensbestimmung der menschlichen Glückseligkeit schliesst sich ganz folgerichtig die Frage, wie denn der Mensch zur Glückseligkeit gelangen kann. Als das einzige Mittel zu einem glückseligen Leben erwies sich den Aufklärern das *Gesetz der Natur* oder, worunter sie dasselbe verstanden, die *Vernunft.* So dozierte auch Christian Wolff, dass das Gesetz der Natur das Mittel zur Glückseligkeit sei, und dass nur durch die Erfüllung des natürlichen Gesetzes der Mensch in den Zustand eines beständigen Vergnügens versetzt werden könne.

Der Rationalismus der "natürlichen" Sittenlehre tritt nun nirgends deutlicher zutage als in der Formulierung ihres Tugendbegriffs. Dementsprechend verstand Wolff unter *Tugend* die Fähigkeit des Menschen, seine Handlungen nach dem Gesetz der Natur, also vernunftgemäss, zu verrichten. "Die Beobachtung des Gesetzes der Natur ist es, so den

Menschen glückselig machet. Da nun die Fertigkeit dem Gesetze der Natur gemäss zu leben die Tugend ist; so machet die Tugend den Menschen glückselig. Und demnach kann man niemand ohne Tugend glückselig nennen."

Von fundamentaler Bedeutung für das Verständnis des vernunft- und naturgemässen Tugendsystems ist nun die Erkenntnis vom Ursprung und Wesen jener Kardinaltugend, der die Aufklärung den Terminus "Menschenliebe" beigelegt hat. Es liegt nahe, den Begriff der Menschenliebe mit dem der Nächstenliebe des Neuen Testaments zu identifizieren, wie es tatsächlich bis auf den heutigen Tag immer wieder geschehen ist. Die deutsche Philosophie ist an den Begriffen der Menschen- und Nächstenliebe nicht blind vorübergegangen. Zwar unterschied *Schopenhauer* noch nicht zwischen dem christlichen Caritasprinzip und der Menschenliebe, um deren philosophische Begründung er sich bemühte. *Nietzsche* war es hauptsächlich um die Enlarvung der christlichen Nächstenliebe als ein Produkt geistiger Rache des Judentums zu tun. Demgegenüber hat *Max Scheler* — in Weiterführung des Gedankenganges Nietzsches — den essentiellen Unterschied beider Liebesprinzipien herausgearbeitet und die sozial-historische und psychologische Fundierung der modernen Menschenliebe betont. Dabei hat er auf die englischen und französischen Theoretiker des 17. und 18. Jahrhunderts sowie auf Rousseau hingewiesen, die das neue Ethos theoretisch bestimmt haben bis dieses, so meinte Scheler, seinen philosophischen Ausdruck und seine Formulierung vor allem in dem positivistischen Altruismus Comtes gewonnen hat.

Auffallend ist, dass bei den hier angeführten Philosophen die deutschen Denker der Aufklärung völlig in Vergessenheit geraten sind, und dass deren Schriften, in denen die Menschenliebe oder die allgemeine Liebe aller Menschen den Grundpfeiler einer naturrechtlich begründeten Sozialethik bildet, gänzlich unerwähnt bleiben. Wohl nirgends tritt der verschiedenartige Charakter der zwei Liebesideen, der christlichen Nächstenliebe und der vernunftgemässen Menschenliebe, deutlicher hervor als in den moralphilosophischen Schriften der deutschen Aufklärer, die sich über die grundsätzliche Verschiedenheit der beiden Liebesgedanken vollkommen im klaren waren.

Gesehen unter dem Aspekt jenes grossen geistesgeschichtlichen Prozesses der Neuzeit, der durch den Zerfall des alten Gottesglaubens eingeleitet die Verweltlichung aller Lebensinhalte und die Diesseitsbezogenheit aller Werte zur Folge hatte und infolgedessen auf das gesamteuropäische Geistesleben zutiefst eingewirkt hat, scheint uns nun die Idee der Menschenliebe ein säkulares Gegenstück zu der christlichen Nächstenliebe und ein Surrogat für die christliche Agape oder Caritas zu sein. Dass das ethische Denken im deutschen 18. Jahrhundert dem Säkularisierungsprozess unterworfen war, bedarf keines erneuten Beweises. Wie selbst die Kardinaltugend der christlichen Ethik, die Nächstenliebe, von dem Prozess der Verweltlichung betroffen wurde, und wie die Idee der Menschenliebe ihren Einzug in die deutsche Geistesgeschichte gehalten hat, davon soll im Folgenden die Rede sein.

12

I. Kapitel
MITLEID UND RESSENTIMENT ALS BEWEGGRÜNDE DER MODERNEN MENSCHENLIEBE

Schopenhauer, Nietzsche, Scheler

In seiner von der königlich-dänischen Societät der Wissenschaften verworfenen Preisschrift über die Grundlage der Moral aus dem Jahre 1840 geht es *Arthur Schopenhauer* zunächst einmal um die Widerlegung der zu seiner Zeit in allgemeiner Geltung stehenden Kantischen Ethik. Anschliessend entwickelt er eine eigene, von dem "Gesetz der Motivation" ausgehende Begründung der Moral.

Sittengesetz und kategorischer Imperativ der praktischen Vernunft sind für Schopenhauer völlig unberechtigte, grundlose und erdichtete Annahmen. Die der theologischen Moral entlehnte imperative Form der Ethik, den Begriff des Sollens, des Gesetzes und der Pflicht, lehnt Schopenhauer als Grundlage der Moralität ab. Kants moralischem Gesetz *a priori,* das auf reinen, abstrakten Begriffen beruhe und nicht von dem wirklichen Handeln des Menschen ausgehe, fehle es an realem Gehalt. Ethik sei eben keine Wissenschaft, welche angebe, wie die Menschen handeln sollen, sondern die davon ausgehe, wie die Menschen wirklich handeln. Zweck der Ethik sei es, die in moralischer Hinsicht höchst verschiedene Handlungsweise der Menschen zu deuten, zu erklären und auf ihren letzten Grund zurückzuführen. "Daher bleibt zur Auffindung des Fundaments der Ethik kein anderer Weg, als der empirische, nämlich zu untersuchen, ob es überhaupt Handlungen gibt, denen wir echten moralischen Wert zuerkennen müssen, — welches die Handlungen freiwilliger Gerechtigkeit, reiner Menschenliebe und wirklichen Edelmuts sein werden. Diese sind sodann als ein gegebenes Phänomen zu betrachten, welches wir richtig zu erklären, d.h. auf seine wahren Gründe zurückzuführen, mithin die jedenfalls eigentümliche Triebfeder nachzuweisen haben, welche den Menschen zu Handlungen dieser, von jeder andern specifisch verschiedenen Art bewegt. Diese Triebfeder, nebst der Empfänglichkeit für sie, wird der letzte Grund der Moralität und die Kenntnis derselben das Fundament der Moral sein."

In Übereinstimmung mit den französischen Materialisten des 18. Jahrhunderts, die alle angebliche Moral letzten Endes auf egoistische Gründe zurückführten, nennt Schopenhauer als die Haupt- und Grundtriebfeder im Menschen den tief auf die menschliche Natur gegründeten Egoismus. Dem antimoralischen Egoismus, dem Drang zum Dasein und Wohlsein, entspringen die meisten menschlichen Handlungen. Doch spricht Schopenhauer dem Menschen die Fähigkeit nicht ab, uneigennützig und moralisch zu handeln. Die moralische Bedeutung einer solchen Handlung könne aber nur in ihrer Beziehung zu anderen liegen; denn das Kriterium der Handlungen von moralischem Wert sei die Abwesenheit aller egoistischen Motivation.

Die ganz unmittelbare, von allen anderen Rücksichten unabhängige Teilnahme am Leiden eines anderen, das alltägliche Phänomen des Mitleids, das nach Verbindung mit diesem Leiden oder nach seiner Aufhebung strebt, ist nach Schopenhauer die einzige moralische Triebfeder, die wirkliche Basis aller freien Gerechtigkeit und aller echten Menschenliebe. Metaphysisch begründet wird das Mitleid durch die Identifizierung des Nicht-Ich mit dem Ich, durch den mysteriösen Vorgang, wonach das Nicht-Ich gewissermassen zum Ich geworden ist. Mit dieser an Rousseausche Gedanken anklingenden Mitleidsethik verlegt Schopenhauer das letzte Fundament der Moralität in die menschliche Natur selbst.

In dem natürlichen Mitleid, das nun nicht auf Begriffen, Religionen, Dogmen, Mythen und Erziehung beruht, sondern für Schopenhauer eine Tatsache des menschlichen Bewusstseins ist, wurzeln auch die zwei Kardinaltugenden dieser Ethik, die Gerechtigkeit und die Menschenliebe. Die Gerechtigkeit, die erste und grundwesentliche Kardinaltugend, als welche sie auch schon von den Philosophen des Altertums anerkannt worden ist, stellt den ersten Grad des Mitleids dar. Im Leben findet sie ihre Nutzanwendung in der allgemeinen Maxime des *neminem laede* und ist mithin in Hinsicht auf ihre Wirksamkeit negativ. Positiven Charakter hingegen schreibt Schopenhauer der Menschenliebe zu, in der das Mitleid nicht nur Teilnahme an der Not des andern, sondern auch Hilfs- und Opferbereitschaft bewirkt. "Hier also, in der unmittelbaren, auf keine Argumentation gestützten, noch deren bedürfenden Teilnahme, liegt der allein lautere Ursprung der Menschenliebe, der caritas, agape, also derjenigen Tugend, deren Maxime ist, *omnes, quantum potes, juva,* und aus welcher alles das fliesst, was die Ethik unter dem Namen Tugendpflichten, Liebespflichten, unvollkommene Pflichten vorschreibt." Das Verdienst, die Menschenliebe als Tugend, und zwar als grösste von allen erstmalig im abendländischen Bereich theoretisch zur Sprache gebracht und das Gebot der Liebe selbst auf die Feinde ausgedehnt zu haben, gebührt dem Christentum. Ist die Gerechtigkeit der ganze ethische Inhalt des Alten Testaments, so ist die alle christlichen Tugenden enthaltende Menschenliebe der des Neuen. Praktisch hat es Menschenliebe allerdings zu allen Zeiten gegeben; also schon lange vor dem Christentum. Man denke nur an die verschiedenen Lehren von der Liebe des Nächsten, die der Orient hervorgebracht hat.

Um die historische Manifestation der Menschenliebe aber kümmert sich Schopenhauer weiter nicht; ihm ist es lediglich um die philosophische Bestimmung des Phänomens Menschenliebe zu tun. Ihren echten moralischen Wert sieht er darin, dass sie auf Wohltätigkeit besteht ohne Verheissungen auf Belohnung in dieser oder einer anderen Welt. "Nur dann, und ganz allein dann, habe ich wirklich jene Menschenliebe, caritas, agape bewiesen, welche gepredigt zu haben, das grosse, auszeichnende Verdienst des Christentums ist." Diese

Erklärung sowie die immer wieder angeführten Verse aus dem Neuen Testament (Matth. 6,2; Joh. 13,34; Röm. 13,8—10) deuten darauf hin, dass Schopenhauer zwar nicht das christliche Gebot als solches, wohl aber den Inhalt der christlichen Liebesidee mit dem der von ihm philosophisch begründeten Menschenliebe identifiziert.

Ein erbitterter Gegner jeglicher Mitleidsmoral und aller "Dekadenzwerte" seines Zeitalters ist *Friedrich Nietzsche*. Im krassen Gegensatz zu Schopenhauer verschmäht er den "Unwert des Mitleidens" als ein Symptom der schändlichen modernen Gefühlsverweichlichung. Das Mitleid, heisst es in seiner Schrift *Morgenröte,* sei eine Schwäche wie jedes Sichverlieren an einen schädigenden Affekt. In erster Linie aber richten sich Nietzsches Streitschriften gegen das Christentum als die eigentliche Religion des Mitleidens und gegen die herkömmlichen Begriffe von Moral, Sünde, Strafe, Mitleid und vom schlechten Gewissen. Ursache des Kulturverfalls ist das Christentum, der Sklavenaufstand in der Moral, das für die Umwertung aller Werte verantwortlich ist (*Jenseits von Gut und Böse*).

"Was ist schädlicher als irgend ein Laster? — Das Mitleiden der That mit allen Missrathnen und Schwachen — das Christenthum" .... "Das Mitleiden steht im Gegensatz zu den tonischen Affekten, welche die Energie des Lebensgefühls erhöhn: es wirkt depressiv. Man verliert Kraft, wenn man mitleidet ... Gesetzt, man misst das Mitleiden nach dem Werthe der Reaktionen, die es hervorzubringen pflegt, so erscheint sein lebensgefährlicher Charakter in einem noch viel helleren Lichte. Das Mitleiden kreuzt im Ganzen Grossen das Gesetz der Entwicklung, welches das Gesetz der *Selection* ist. Es erhält, was zum Untergange reif ist ... Man hat gewagt, das Mitleiden eine Tugend zu nennen; man ist weitergegangen, man hat aus ihm *die* Tugend, den Boden und

Ursprung aller Tugenden gemacht ... Schopenhauer war in seinem Recht damit: durch das Mitleid wird das Leben verneint, *verneinungswürdiger* gemacht — Mitleiden ist die *Praxis* des Nihilismus ... Schopenhauer war lebensfeindlich: *deshalb* wurde ihm das Mitleid zur Tugend ... Nichts ist ungesunder, inmitten unsrer ungesunden Modernität, als das christliche Mitleid." *Der Antichrist* nannte Nietzsche seine Schrift, der die vorhergehenden Sätze entnommen sind und in der das unchristliche Wort geschrieben steht: Die Schwachen und Missrathenen sollen zugrunde gehn: erster Satz *unsrer* Menschenliebe.

Nicht Nächstenliebe, sondern Nächsten-Flucht lässt Nietzsche in seinem Hauptwerk *Also sprach Zarathustra* den Verkünder seiner Diesseitsreligion lehren. Der eine, heisst es da, geht zum Nächsten, weil er sich sucht, und der andere, weil er sich verlieren möchte. So wird aus der menschlichen Not die Tugend, oder besser die Scheintugend der Nächstenliebe. Damit ergibt sich für Nietzsche die ganze Fragwürdigkeit der angeblichen Selbstlosigkeit, die in Wirklichkeit nichts anderes ist als der Ausdruck des Selbsthasses und der Selbstflucht. Den Ursprung der christlichen Nächstenliebe erklärte Nietzsche durch seine Lehre vom Ressentimentgefühl und von dem Sklavenaufstand in der Moral, den dieses zur Folge hatte. Die Verdrängung der ritterlich-aristokratischen Wertungsweise durch die priesterlich-vornehme führte zu einer radikalen Umwertung der Werte. Die Priester waren die ohnmächtigsten, aber eben darum die gefährlichsten Feinde der von Kraft und Gesundheit strotzenden Kriegerkaste. Aus ihrer Ohnmacht wuchs bei ihnen der Hass ins Ungeheure und Unheimliche, ins Geistigste und Giftigste. Durch einen Akt der geistigen Rache hat sich das priesterliche Volk der Juden an seinen Feinden und Überwältigern Genugtuung verschafft. Mit den Juden beginnt der Sklavenaufstand in der Moral. "Aus dem Stamme jenes Baums der Rache und des Hasses, des jüdischen Hasses — des tiefsten und sublimsten, nämlich

Ideale schaffenden, Werthe umschaffenden Hasses, dessen Gleichen nie auf Erden dagewesen ist — wuchs etwas ebenso Unvergleichliches heraus, eine *neue Liebe,* die tiefste und sublimste Aller Arten Liebe: — und aus welchem andren Stamme hätte sie auch wachsen können? ... Dass man aber ja nicht vermeine, sie sei etwa als die eigentliche Verneinung jenes Durstes nach Rache, als der Gegensatz des jüdischen Hasses emporgewachsen! Nein, das Umgekehrte ist die Wahrheit! Die Liebe wuchs aus ihm heraus, als seine Krone, als die triumphirende, in der reinsten Helle und Sonnenfülle sich breit und breiter entfaltende Krone, welche mit demselben Drange gleichsam im Reiche des Lichts und der Höhe auf die Ziele jenes Hasses, auf Sieg, auf Beute, auf Verführung aus war, mit dem die Wurzeln jenes Hasses sich immer gründlicher und begehrlicher in Alles, was Tiefe hatte und böse war, hinunter senkten. Dieser Jesus von Nazareth, als das leibhafte Evangelium der Liebe, dieser den Armen, den Kranken, den Sündern die Seligkeit und den Sieg bringende 'Erlöser' — war er nicht gerade die Verführung in ihrer unheimlichsten und unwiderstehlichsten Form, die Verführung und der Umweg zu eben jenen *jüdischen* Werten und Neuerungen des Ideals? Hat Israel nicht gerade auf dem Umwege dieses 'Erlösers', dieses scheinbaren Widersachers und Auflösers Israels, das letzte Ziel seiner sublimen Rachsucht erreicht? Gehört es nicht in die geheime schwarze Kunst einer wahrhaft *grossen* Politik der Rache, einer weitsichtigen, unterirdischen, langsam-greifenden und vorausrechnenden Rache, dass Israel selber das eigentliche Werkzeug seiner Rache vor aller Welt wie etwas Todfeindliches verleugnen und ans Kreuz schlagen musste, damit 'alle Welt', nämlich alle Gegner Israels unbedenklich gerade an diesen Köder anbeissen konnten? Und wusste man sich andrerseits, aus allem Raffinement des Geistes heraus, überhaupt noch einen gefährlicheren Köder auszudenken? Etwas, das an verlockender, berauschender, betäubender, verderbender

Kraft jenem Symbol des 'heiligen Kreuzes' gleichkäme, jener schauerlichen Paradoxie eines 'Gottes am Kreuze', jenem Mysterium einer unausdenkbaren letzten äussersten Grausamkeit und Selbstkreuzigung Gottes *zum Heile des Menschen?* ... Gewiss ist wenigstens, dass *sub hoc signo* Israel mit seiner Rache und Umwertung aller Werte bisher über alle anderen Ideale, über alle *vornehmeren* Ideale immer wieder triumphirt hat —" (Zur Genealogie der Moral).

Erst mit dem in der Neuzeit einsetzenden Glaubenszerfall und der Loslösung des Menschen von den christlichen Dogmen erfolgte, so meint Nietzsche in seiner Schrift *Morgenröte,* die Verdrängung der Nächstenliebe durch einen auf Utilismus und sozial-ethischen Idealen begründeten Liebesgedanken. Sozusagen als Rechtfertigung für die Loslösung vom alten Glauben, den man womöglich noch in seinem Liebesideal zu überbieten, ja zu "überchristlichen" suchte, entstand der Kultus der Menschenliebe. Dieses weltliche Surrogat der christlichen Nächstenliebe mit seiner Betonung der Liebe als sozialpolitisches Prinzip machte — entgegen Nietzsches Wunschbild von der starken Persönlichkeit — anstelle des individuellen Daseins die Gesellschaft zum Ausgangspunkt allen ethischen Denkens. Als geistige Ahnherren dieser neuen Liebesidee hat Nietzsche die französischen Freidenker, von Voltaire bis auf Comte, sowie Schopenhauer und John Stuart Mill genannt, während er die Zeit der französischen Revolution für den eigentlichen Beginn dieser Entwicklung angesetzt hat. Bemerkenswert trotz der Fragwürdigkeit seines entwicklungsgeschichtlichen Ansatzes ist Nietzsches deutliche Unterscheidung zwischen den beiden ihrem Ursprung und Inhalt nach grundverschiedenen Liebesideen, was sich auch sprachlich in der Verwendung von "Nächstenliebe" für das christliche Liebesgebot und von "Menschenliebe" für sein weltliches Gegenstück kundtut.

Im Rahmen seiner moral-philosophischen, auf phänomeno-
logischer Wertschau beruhenden Untersuchung *Vom Um-
sturze der Werte* erörtert *Max Scheler* das Phänomen des
Ressentiments im Aufbau der Moralen und kommt dabei
auch auf die christliche Liebe und auf die moderne Menschenliebe zu sprechen. Von Scheler anerkannt und gewürdigt
wird Nietzsches tiefgreifende Entdeckung des Ressentiments
als Quelle moralischer Werturteile. Für völlig falsch dagegen
hält Scheler diese Lehre in ihrer Anwendung auf den Kern
der christlichen Ethik, dessen Wesensgehalt er mit Hilfe
einfühlenden Schauens und Aufdeckens phänomenologisch
beschreibt.

Max Scheler geht davon aus, dass die christliche Liebe
immer nur primär auf das ideale Selbst im Menschen und seine
Mitgliedschaft im Gottesreich bezogen ist und dass sie als eine
übernatürliche geistige Intention alle Gesetzmässigkeit des
natürlichen Trieblebens (z.B. Hass auf die Feinde) durch-
bricht. Das Wesentliche dieser Liebe ist ihre *Bewegungsrich-
tung,* die anders als die antike Liebesidee mit ihrer Tendenz
des "Niederen" zum "Höheren", des "Unvollkommneren"
zum "Vollkommneren" durch das Sichherablassen des Edlen
zum Unedlen, des Gesunden zum Kranken, des Reichen zum
Armen usw. angegeben ist. Im Aktvollzug dieses "Beugens",
dieses "Sichherabgleitenlassens" drückt sich die fromme
Überzeugung des Christenmenschen aus, Gott, dem Schöpfer,
der die Welt aus Liebe schuf, gleich zu werden. Nicht
Sachwert, sondern Aktwert hat diese Liebe, die ein unsinn-
licher Akt des Geistes und kein blosser Gefühlszustand ist.

Nicht aus einem von Ohnmacht und Hass genährten
Ressentimentgefühl, wie Nietzsche glaubte, sondern aus dem
Gefühl der eigenen Geborgenheit im Gottesreich, des Fest-
stehens, des innersten Gerettetseins und der unbesieglichen
Fülle des eigenen Daseins und Lebens ist die christliche Liebe,
sind Opfern und Helfen erwachsen und zwar als ein spontanes
Überfliessen der Kräfte, begleitet von Seligkeit und innerster

Ruhe. Helfen und Opfern sind *Ausdruck* der Liebe, nicht ihr Zweck und Sinn, und nicht auf die Grösse der Wohlfahrt kommt es hier an, sondern auf den Aktus des Helfens und Weggebens. Dies alles hat nicht das mindeste zu tun mit "Sozialismus", "Altruismus" und ähnlichen als Ersatzmittel für Liebe dienenden modernen Gesinnungen, die Scheler wie Nietzsche auf blosse Abwendung-von-sich-selbst zurückführt, auf Selbstflucht und Selbsthass. "Die christliche Bruderliebe ist ursprünglich nicht gemeint als ein biologisches, als ein politisches oder als ein soziales Prinzip. Sie ist gerichtet — oder doch primär gerichtet — auf den *geistigen Kern des Menschen,* seine individuelle Persönlichkeit selbst, in der er allein am Reiche Gottes unmittelbar Anteil nimmt." Allerdings sind auch die christlichen Werte einer Umdeutung in Ressentimentwerte leicht zugänglich gewesen, und es ist im geschichtlichen Verlauf zu tatsächlichen Verbildungen der christlichen Moral gekommen, was wie bei Nietzsche zur *Verkennung des Wesens* der christlichen Liebesidee geführt hat.

Von der christlichen Liebesidee grundverschieden nach Wesen und Ursprung ist die Idee und die Bewegung der modernen Menschenliebe, der "Humanitarismus" oder auch die "Liebe zur Menschheit". Diese richtet sich nicht auf das "Göttliche" im Menschen, sondern auf den Menschen bloss als "Menschen", auf "die Menschheit als nur je *gegenwärtiges,* sichtbares, begrenztes, irdisches Naturwesen". Nicht der "Nächste" oder das "Individuum", sondern "die Menschheit" als Kollektivum, die Summe der menschlichen Individuen als Summe, ist das Objekt dieser Liebe. Und wie Akt und Bewegung geistiger Art wesenhaft sind für die christliche Nächstenliebe, so ist die Menschenliebe in allererster Linie- Gefühl. "Leiden an den sinnenfälligen Schmerzen und Freude an den sinnenfälligen angenehmen Empfindungen ist der Kern dieser neuen Menschenliebe." So haben denn auch die philosophischen und psychologischen Theoretiker des 17. und 18. Jahrhunderts (die Engländer von Hutcheson, Adam

Smith, Hume bis zu Bain, und auch Rousseau) das Wesen der modernen Menschenliebe aus den Erscheinungen der Sympathie, des Mitleids und der Mitfreude verstanden. In der *Wertschätzung* unterscheidet sich die "allgemeine Menschenliebe" von der christlichen Liebe dadurch, dass sie anstelle der Gewinnung des Seelenheils des Liebenden als Glied des Gottesreiches und der in ihr erwirkten Förderung des fremden Heils die Förderung des sogenannten "Gesamtwohls" anstrebt. Einen positiven Wert bekommt sie also erst durch ihren *Wirkungswert.*

Infolge ihrer Tendenz zur Gleichmacherei fordert die allgemeine Menschenliebe — im Gegensatz zur in dieser Hinsicht konservativeren christlichen Liebe — die Auflösung der feudalen und aristokratischen Gesellschaftsordnung, den Vorzug der Liebe zur Menschheit vor der Liebe zum Vaterland, die staatsbürgerliche und auch ökonomisch-soziale Gleichheit der Menschen, die Uniformierung des Lebens in Sitte und Brauch und eine "humanere" und gleichartige Form der Erziehung. Alle der Kriegerkaste entstammenden Lebensformen und Werturteile sind der Menschenliebe zuwider, und so entsagt sie Kampf und Verfolgung und tritt ein für Weltfrieden und für die Abschaffung der Folter und der qualifizierten Todesstrafe. Auch in ihrem Verhalten zu den Hilfsbedürftigen unterscheidet sie sich von der Nächstenliebe, und zwar durch das Ausschalten der *persönlichen* Liebestat von Mensch zu Mensch zugunsten der unpersönlichen "Einrichtung", der Wohlfahrtseinrichtung.

Allerdings stimmt Scheler mit Nietzsche darin überein, dass auch er die Idee einer solchen Liebe, wie sie in der modernen allgemeinen Menschenliebe zum Ausdruck kommt, auf Ressentiment zurückführt. Nach Scheler ihrem Wesen nach eine sozial-historische Gemütsbewegung, beruht diese Liebesidee nicht wie die christliche auf einer spontanen Hinbewegung zu einem positiven Wert, sondern auf einem Protest oder Gegenimpuls in der Form von Hass, Neid,

Rachsucht usw. Sie ist ihm die Ausdrucksform einer verdrängten Ablehnung, eines Gegenimpulses gegen Gott, die Scheinform eines verdrängten Gotteshasses, Ausdruck der Anklage gegen die göttliche Regierung, die für den Schmerz, das Übel und Leid und den Mangel an Liebe in der Welt verantwortlich ist. Mit ihrem Verständnis für die niedrigsten und tierischen Seiten der Menschennatur und ihrer Betonung des "Menschseins" des Individuums ist die Menschenliebe auf das Gattungsmässige und auf das Niedrige gerichtet, worin Scheler ihren geheimen glimmenden Hass gegen die nicht an das Gattungsmässige gebundenen positiven Werte zu erkennen glaubt.

Auch noch in anderer Hinsicht sieht Scheler in der modernen Menschenliebe ein auf Ressentiment beruhendes Phänomen. In ihrem Hang zum Kosmopolitismus und in ihrer Gefühlsbegeisterung für die "Menschheit" gibt sich die ihr eigentümliche Aversion kund gegen den jeweilig nächsten Kreis der Gemeinschaft, gegen Familie und Vaterland. So ist sie vor allem ein Protest gegen die Vaterlandsliebe, ein verdrängter Vaterlandshass, hervorgerufen durch Verschmähung und Zurückweisung von der Gemeinschaft.

Schliesslich ist auch die moderne Menschenliebe, wie der Franzose Comte sie als "Altruismus" bestimmt hat, auf Ressentiment zurückzuführen. Der Satz "Liebe deinen Nächsten *mehr* als dich selbst" kennzeichnet den der christlichen Liebesidee mit ihrer Besorgnis um das eigene Seelenheil entgegengesetzten Altruismus. Dieser geht letzten Endes auf Selbsthass und Selbstflucht zurück und ist, meint Scheler im Anklang an Nietzsche, eine sozial-psychische Entartungserscheinung und ein Zeichen niedergehenden Lebens und eines versteckten Wertnihilismus.

Die hier kursorisch wiedergegebenen Gedanken dreier deutscher Denker über die christliche Liebe des Nächsten und die allgemeine Menschenliebe beleuchten das Problem der Wesensbestimmung beider Liebesideen und helfen unseren

Blick schärfen für die beiden ihrer Natur nach verschiedenen Liebesbegriffe. Nicht übersehen werden darf jedoch die Tatsache, dass sowohl die christliche Liebe wie auch die moderne Menschenliebe im geschichtlichen Verlauf mannigfaltige Verwandlungen und Umbildungen erlitten und dass sich im Laufe der Zeit komplizierte Verquickungen beider Liebesideen ergeben haben. Man denke nur an die Umgestaltung der frühchristlichen caritas durch den neuzeitlichen Humanismus, an die "christliche Menschenliebe" und an den modernen positivistischen Altruismus im 19. Jahrhundert.*

Ist die durch den Geist der *humanitas* bewirkte Verwandlung der christlichen Liebe in eine auf innerweltliche Wohltätigkeit gerichtete Nächstenliebe symptomatisch für die im Humanismus einsetzende Verdiesseitigung des menschlichen Denkens im Rahmen der noch allein seligmachenden Kirche, so zeugt das Aufkommen eines von Theologie und Dogmatik gänzlich unabhängigen Liebesgedankens von säkularisierter Denkweise, wie sie dem von dem Ideengute des Humanismus und der darauffolgenden Aufklärung erfüllten Menschen zu eigen war.

Mit dem Humanismus sind auch die rationalistischen Ideen und die naturrechtlichen Theorien der antiken Stoa wieder zur Geltung gekommen. Die Verschmelzung stoischer Philosophie und christlicher Theologie hatte bereits in frühester Zeit das christliche Naturrecht ergeben, das während des gesamten Mittelalters für das theologische, rechtliche und politische Denken massgebend war. Mit der zunehmenden Autonomie der menschlichen Vernunft entwickelte sich dann seit dem 16. Jahrhundert das von aller übernatürlichen Offenbarung unabhängige moderne klassische Naturrechtsystem, das uns in den Werken eines Bodin, Grotius, Hobbes, Pufendorf und jüngerer Naturrechtler entgegentritt.

---

* Vgl. Maria Fuerth, *Caritas und Humanitas; zur Form und Wandlung des christlichen Liebesgedankens,* Stuttgart 1933.

Den naturrechtlichen Gesellschaftstheorien des 17. und 18. Jahrhunderts zugrunde liegt die vom Humanismus wiederentdeckte Würde der menschlichen Natur, die ihrerseits zur erhöhten Wertschätzung des Individuums und zur gesteigerten Hochachtung vor dem Mitmenschen geführt hat. Die moderne Idee der Menschenliebe, die "Liebe anderer (oder: aller) Menschen" hat ihren theoretischen Ursprung nicht im göttlichen Gebot. Sie ist vielmehr eine abstrakt-rationale Humanitätsidee, die aufs engste verknüpft ist mit dem profanen Naturrecht des 17. und 18. Jahrhunderts, in dem sie ihre theoretische Begründung und Rechtfertigung findet. Es wäre verfehlt, wollte man den säkularen Liebesgedanken, wie ihn die deutsche Aufklärung auf der Grundlage des abendländischen Humanismus entwickelt und mit dem Wort "Menschenliebe" begrifflich identifiziert hat, auf den sozialethischen und mitleidsbetonten Humanitarismus der englischen und französischen Philosophen des 18. Jahrhunderts zurückführen. Seine Entstehung ist geistesgeschichtlich vor der eigentlichen Aufklärung, jedenfalls ein Jahrhundert vor der französischen Revolution anzusetzen und ist schon nachweisbar in den naturrechtlichen Gesellschaftstheorien der deutschen Frühaufklärung, in denen uns dieser säkulare Begriff von der Liebe zum Mitmenschen und seine theoretische Begründung zum ersten Male begegnen.

Einer der ersten deutschen Denker, der die Idee der modernen Menschenliebe naturrechtlich fundiert hat, ist der Natur- und Völkerrechtslehrer Samuel Pufendorf. Als oberstes Prinzip und Grundlage des natürlichen Rechts erhob er den Begriff der *socialitas* oder Geselligkeit. Darunter verstand er eine dem Menschen innewohnende Neigung zum wohlwollenden, friedlichen und liebevollen Zusammenleben. Der socialitas nahezu identisch ist sein Begriff *communis amor*, der "gemeinen Liebe", die nach Pufendorf einen Wesenszug der menschlichen Natur darstellt.

Auch Christian Thomasius, der eigentliche Begründer der deutschen Aufklärung und der entschiedenste Verfechter Pufendorfscher Anschauungen in Deutschland, anerkannte die gesellschaftliche Natur des Menschen. Ohne menschliche Gesellschaft wäre der Mensch nichts. Doch anders als Pufendorf gewann Thomasius die Idee von der "allgemeinen Liebe aller Menschen", von der "vernünftigen Liebe anderer Menschen" oder, wie er sich auch ausdrückte, von der "vernünftigen und menschlichen Liebe" nicht aus der menschlichen Natur, sondern aus der Nützlichkeitserwägung, wie der Mensch zur grössten Glückseligkeit gelangen kann. So handelt denn auch seine ganz unter dem Gesichtspunkt der Nützlichkeit abgefasste Sittenlehre "von der Kunst vernünftig und tugendhaft zu lieben als dem eigentlichen Mittel zu einem glückseligen, galanten und vergnügten Leben zu gelangen". Schon hier erkennt man den eudämonistischen Zug der "aufgeklärten" Weltanschauung und deren Neigung zum Utilismus, die mit Thomasius in das Denken des deutschen 18. Jahrhunderts eingedrungen sind und auch auf die philosophische Begründung der "Menschenliebe" eingewirkt haben.

Utilitarisch und eudämonistisch orientiert ist auch die auf Vernunft und Natur gegründete Sittenlehre Christian Wolffs, des Lehrmeisters der deutschen Aufklärung. Ziel seiner Ethik ist in erster Linie die individuelle Vollkommenheit, die Vollkommenheit unseres eigenen innerlichen und äusserlichen Zustandes. Dieser ethische Individualismus führt bei Wolff nun aber nicht zu einem krassen Egoismus; vielmehr ist die Förderung des Gemeinwohls Ausdruck eines höheren Grades der anzustrebenden menschlichen Vollkommenheit. Voraussetzung dafür, dass der Dienst am Mitmenschen zur Quelle der eigenen Glückseligkeit werden kann, ist die Liebe. Wolff definiert sie als die Bereitschaft, "aus eines andern Glückseligkeit Vergnügen zu schöpfen". Das Wort Menschenliebe kennt und gebraucht er noch nicht. Doch ist uns sein

Schüler und Interpret Gottsched Gewähr dafür, dass Wolffs rationalistischer Liebesbegriff mit dem der aufklärerischen Menschenliebe identisch ist.

Das Wolffsche Denksystem über den engen Kreis der Fachgelehrten hinaus dem breiteren Lesepublikum zugänglich gemacht und erklärt zu haben, ist das Verdienst Johann Christoph Gottscheds, dessen *Erste Gründe der gesammten Weltweisheit* in einem theoretischen und einem praktischen Teil jahrzehntelang, bis in die sechziger Jahre, auf deutschen Akademien und Gymnasien als philosophisches Handbuch massgebend war.

In den zwölf Jahren, in denen die Erstausgabe der *Vernünftigen Gedanken von der Menschen Thun und Lassen* Wolffs (1722) und die der *Ersten Gründe der gesammten Weltweisheit* (1733/34) erschienen sind, hatte sich das Wort Menschenliebe allmählich in der deutschen Sprache eingebürgert. Spricht Christian Wolff noch von dem Nutzen und dem Beweggrund der "Liebe", so ist bei Gottsched schon die Rede von der allgemeinen Menschenliebe, und zwar an der entsprechenden Stelle, wo Wolff die von ihm rein rationalistisch deduzierte "Liebe" abhandelt.

Wohl nirgends in der zeitgenössischen schöngeistigen Literatur lässt sich der Einfluss des zweckbewussten moralischen Rationalismus auf die Weltanschauung und Lebensweisheit der Aufklärung deutlicher erkennen als in der jetzt abermals zur Blüte gelangten Lehrdichtung, die für die erzieherischen und belehrenden Tendenzen dieses sogenannten pädagogischen Zeitalters natürlich wie geschaffen war. In seinem *Versuch einer Critischen Dichtkunst,* der eigentlichen Poetik der deutschen Aufklärung, hatte Gottsched den didaktischen Nutzen der dogmatischen Poesien oder Lehrschriften hervorgehoben und die Verquickung von Wissenschaft und Poesie zum Gefallen und zur Belehrung mittelmässiger Köpfe gerechtfertigt. "Diese machen allzeit den grossen Theil des menschlichen Geschlechts aus . . . Da nun auch die bittersten Wahrheiten sonderlich in moralischen Sachen, auf solche Art gleichsam verzuckert und übergüldet werden: So sieht man wohl, dass es nicht undienlich sey, dergleichen Schriften zu verfertigen; und also das Erkenntniss und die Tugend der Welt gleichsam spielend beyzubringen." Zur Erhöhung des Bildungswertes seiner Poesie versah demnach Friedrich von Hagedorn, der bekannteste unter den deutschen Rokokodichtern, seine moralischen Gedichte und Lehrgedichte mit gelehrten Kommentaren und ausführlichen Quellenangaben. Ein Dichter müsse wissen, was vor ihm über die Lehren, die er entwirft, gedacht worden sei. Auch die vernünftigsten Leser erforderten mehr in Gedichten als ein ungekränktes Silbenmass, einen wohlklingenden Reim und zierlichen Ausdruck. Und für Unstudierte, die doch gerne lernen, seien Anmerkungen zu den Gedichten kaum entbehrlich.

So nimmt es kaum Wunder, dass auch das Gedankengut des philosophischen Rationalismus in der Dichtung dieser Zeit auftaucht. Lehrgedichte und moralische Gedichte mit Themen aus der Leibniz-Wolffschen Philosophie sowie aus der übrigen Aufklärungsphilosophie sind keine Seltenheit. In ihnen ist die Rede vom Ursprung des Übels oder des Bösen in der Welt, von der Ordnung und von der Harmonie aller Dinge. Sie handeln ferner von der Freiheit des Willens und von dem Rechte der Natur, von der menschlichen Vollkommenheit und von der Zufriedenheit, von der Tugend und von der Glückseligkeit. Ihre dichterische Verherrlichung findet hier auch die Kardinaltugend der aufgeklärten Sittenlehre, die Menschenliebe. Ihr widmete der Gottschedschüler Christian Fürchtegott Gellert ein über zweihundert Verse langes Gedicht, das er bei seiner ersten Veröffentlichung im Jahre 1743 "Die Menschenliebe", in späteren Ausgaben "Der Menschenfreund" nannte.

Seit den vierziger Jahren des 18. Jahrhunderts bürgerte sich der Begriff Menschenliebe in der Dichtung und in der Prosa, ja überhaupt in der deutschen Umgangssprache ein.

Das Wort Menschenliebe, von dem der Osnabrücker Historiker Justus Möser in den siebziger Jahren sagte, dass es in seiner Jugend "gar nicht bekannt" gewesen, seit einiger Zeit aber Mode geworden sei, wurde im letzten Viertel des 18. Jahrhunderts wiederholt als Modewort angekreidet und von Herder sogar als trivial empfunden. Möser bedauerte es, dass "die neumodische Menschenliebe" sich auf Kosten der Bürgerliebe erhoben habe, und hielt sie mitverantwortlich für den von ihm in den *Patriotischen Phantasien* getadelten Verfall gesellschaftlicher Sittenstrenge und für das Überhandnehmen staatlicher Sozialeinrichtungen. Mit seiner offensichtlich geringschätzigen Bewertung der Menschenliebe entfernte sich Möser aber ganz entschieden von der rationalistisch begründeten Aufklärungsmoral, die von dem "Geist der Menschenliebe" beseelt war und die Menschenliebe dem Menschen schlechthin zur Pflicht machte.

Verhältnismässig selten findet man im 18. Jahrhundert das Wort Menschenliebe in christlicher Beleuchtung oder im Zusammenhang mit der christlichen Religion. Es fehlt im Kirchenlied*, in dem an seiner Stelle die Barmherzigkeit, die Guttätigkeit und die Liebe des Nächsten sowie die brüderliche und christliche Liebe gepriesen werden. Verständlicherweise wurde die Aufklärungsmoral von manchen Frommen und Orthodoxen als eine Welt- und Freigeisterphilosophie empfunden und wurde die Menschenliebe von ihnen als eine säkulare Scheintugend verworfen. Erst später sprach man

---

* Henriette Catharine von Gersdorfs *Geistreiche Lieder und Poetische Betrachtungen* (1729) enthalten eine Liedergruppe "Von der Menschen-Liebe und Leutseligkeit Gottes". Hier aber hat "Menschenliebe" die Bedeutung "Liebe Gottes zu den Menschen". S.a. Zedlers *Grosses vollständiges Universal Lexicon aller Wissenschaften und Künste* unter dem Stichwort Menschenliebe im 20. Band (1739).

auch von "christlicher Menschenliebe". Doch der Mensch der Aufklärung war sich im allgemeinen des Unterschiedlichen bewusst. Sprach er Deutsch, so unterschied er gewöhnlich die "Liebe des Nächsten" von der "Menschenliebe", sprach er Latein, so schied er zwischen *caritas* oder *dilectio proximi* und *amor universalis* oder *amor universalis omnium hominum*. So heisst es denn auch bei dem Wolffianer Alexander G. Baumgarten: *Amor hominum* (nicht etwa *caritas* oder *dilectio proximi!*) *philanthropia est* *.

---

* A. G. Baumgarten, *Metaphysica*, Halle 1739, S. 263.

II. Kapitel
DIE PHILOSOPHISCHE FUNDIERUNG DER
MENSCHENLIEBE IM ZEITALTER DES NATURRECHTS
UND DER VERNUNFT

Samuel Pufendorf

Der zu seiner Zeit bedeutendste deutsche Theoretiker des modernen klassischen Naturrechts war der im Jahre 1632 zu Dorfchemnitz in Sachsen geborene Pastorensohn Samuel Pufendorf. Sein Hauptwerk *De Jure Naturae Et Gentium,* das im 17. und 18. Jahrhundert in zahlreichen Auflagen erschienen und ins Französische, Englische, Deutsche, Italienische und Russische übersetzt worden ist, gehört neben den Schriften des Holländers Hugo de Groot und des Engländers Thomas Hobbes zu den grundlegenden staatsphilosophischen und naturrechtlichen Leistungen des auch "Zeitalter des Naturrechts" benannten 17. Jahrhunderts.

Als Achtzehnjähriger bezog Pufendorf die Universität Leipzig, um dem Wunsch des Vaters folgend Theologie zu studieren. Doch schon seit seinem ersten Semester trieb ihn sein Wissensdrang über die Theologie hinaus, und so hörte er von Anfang an ausser theologischen auch juristische, staatswissenschaftliche, naturwissenschaftliche und medizinische Vorlesungen. Von dem Dogmatizismus und dem starren protestantischen Aristotelismus der orthodox-lutherischen Theologenfakultät abgestossen, verliess er nach zwölf Semestern Leipzig und setzte 1656 sein Studium an der Universität Jena fort, dem Einbruchstor der neuen mathematisch-demonstrativen Denkweise in das Luthertum (Schöffler[1]). Die Umsiedlung nach Jena war für den sich nach geistiger Freiheit sehnenden Studiosus insofern ein Segen, als hier seit 1653 der Mathematiker und Philosoph Erhard Weigel lehrte, der als erster an einer lutherischen Fakultät die mathematische Systematisierung aller Wissenschaftsgebiete vertreten und nun auch Pufendorf in die rationalistisch-deduktive Methode des Denkens eingeführt hat.

Wenn man bedenkt, in welch grossem Ausmass das 17. Jahrhundert von den mächtig aufstrebenden Naturwissenschaften beherrscht war, so ist es kaum verwunderlich, dass die Denkweise der Menschen sich infolgedessen wesentlich wandelte und dass der bis dahin vorwiegend von der kirchlichen Autorität geleitete menschliche Geist nunmehr nach dem Vorbild der aufblühenden Wissenschaften nach Unabhängigkeit und Autonomie strebte.

Mit Hilfe der exakt wissenschaftlichen Methode, die auf der Verbindung des mathematisch-deduktiven Denkens mit genauer Beobachtung und Prüfung durch das Experiment beruhte, war soeben der mathematischen Physik die mechanische Welterklärung gelungen, die zur grossen kosmologischen Revolution der Neuzeit geführt hat. Dieselbe Methode, die die Einsicht in die Gesetzlichkeit in der physischen Welt ermöglichte, glaubte man jetzt auch auf die geistigen Gebiete anwenden zu dürfen. Welch eine grosse Bedeutung die naturwissenschaftliche Methode für die derzeitigen Geisteswissenschaften und speziell für die Naturrechtslehre gewann, verraten die Autoren jener Zeit, die ausdrücklich versichern, ihr Denksystem *more geometrico* oder *methodo scientifica* oder ähnlich aufgebaut zu haben. Einer unter ihnen war der Jenaer Ordinarius Erhard Weigel, der die neue Methode zum Entsetzen seiner Kollegen auch auf die Moral, die Naturrechtslehre und die Theologie übertragen und sein moralphilosophisches Hauptwerk eine "Arithmetische Beschreibung der Moralweisheit" genannt hat.

Nach der Methode "eines theologisch voraussetzungslosen, cartesianischen Rationalismus und eines vom neuen physikalischen Weltbild beeinflussten, historisch-soziologischen Empirismus" (Wolf[2]) hat auch der Weigelschüler Samuel Pufendorf sein berühmtes Werk *Vom Natur- und*

Völkerrecht (De Jure Naturae et Gentium Libri Octo)
angelegt. Ausgehend von einem auf Erfahrung und Beobachtung gegründeten obersten Prinzip errichtete er unter Verwendung der mathematisch-deduktiven Methode sein für das deutsche 18. Jahrhundert massgebendes Naturrechtssystem, das bis Kant als das Fundament des gesamten naturrechtlichen Lehrgebäudes galt (Gierke).

Nach Beendigung seines Jenaer Studiums im Jahre 1656 war Pufendorf in die Dienste des schwedischen Gesandten zu Kopenhagen getreten und hatte sich anschliessend nach Holland begeben zum weiteren Studium an der Universität Leiden. Seit 1661 finden wir ihn in Heidelberg, wo der Neunundzwanzigjährige den ersten öffentlichen Lehrstuhl für Natur- und Völkerrecht erhielt, den er nach neunjähriger Lehrtätigkeit gegen eine Professur an der Universität Lund in Schweden vertauschte. Bald in seiner Amtszeit in Lund erschien hier 1672 die erste Ausgabe seines Hauptwerkes. Es war nicht seine Erstlingsschrift. Seine schriftstellerische Tätigkeit hatte Pufendorf bereits viel früher mit der Veröffentlichung seiner *Elementorum jurisprudentiae universalis libri duo* aus dem Jahre 1660 begonnen und mit der oft zitierten, unter dem Pseudonym Severinus de Monzambano 1667 in Genf erschienenen Abhandlung *De statu imperii Germanici* fortgesetzt. Aber es war zweifellos das bedeutendste und am meisten gelesene Werk Pufendorfs, das auch in der verkürzten, unter dem Titel *De officio hominis et civis* erschienenen Ausgabe (1773) zahlreiche Neuauflagen erlebte.

Bei aller Strenge in seiner systematisierenden und logisch zwingenden Beweisführung geht Pufendorf stets von der tatsächlichen, empirisch geschichtlichen Begebenheit aus, von einem Naturzustand *"non qualis abstrahendo concipi possit, sed qualis revera existat"*[3]. Und mit einem für seine Zeit aussergewöhnlichen Verständnis für geschichtliche Tatsachen und für wirtschaftliche und soziale Zusammenhänge erweitert

33

er das an sich rein juristische und politische Thema zu einer weit ausholenden Soziallehre.

Heftige Angriffe besonders von Seiten der Theologen auf Pufendorfs rein vernunft- und erfahrungsgemäss angestellte säkularisierte Betrachtung des Soziallebens blieben nicht aus. Auf Drängen der Leipziger Theologenfakultät wurde sein Buch noch vor dem Erscheinen in Sachsen durch kurfürstliches Dekret verboten. Dass Pufendorf nicht viel von den Pflichten gegen Gott gehalten und diese in seinem Werk *De jure* beiseite gesetzt habe, sei der Hauptgrund gegen ihn gewesen, meinte der Jenaer Theologieprofessor Joh. Georg Walch ein halbes Jahrhundert später.[4] Die von Pufendorf unter dem Titel *Eris Scandica* 1686 veröffentlichte Sammlung seiner Streitschriften zeugt von dem langwierigen Federkrieg, den er für die Befreiung des Naturrechts von der theologischen Scholastik, für "die Ausrichtung des Rechtsgedankens auf rein diesseitige Zwecke" geführt hat.

In methodischer Übereinstimmung mit den übrigen Systemen des modernen klassischen Naturrechts geht auch Pufendorfs Lehre von der "Natur" des Menschen aus. So gibt es für ihn keine passendere und direktere Methode zur Erforschung des Naturrechts als die einer sorgfältigen Betrachtung der Natur, der Beschaffenheit und der Neigungen des Menschen.[5] Allerdings handelt es sich bei Pufendorf nicht wie bei Grotius oder Hobbes um den hypothetisch gedachten Menschen einer paradiesischen oder urgeschichtlichen Epoche, sondern um den Menschen, wie ihn die tägliche Erfahrung kennt oder wie er jederzeit zumindestens möglich ist.

Von der Wesensbestimmung des Menschen als einer von Eigenliebe (*amor sui*) getriebenen, infolge seiner natürlichen Schwäche und Dürftigkeit (*summa imbecillitas atque naturalis indigentia*) hilfsbedürftigen und ferner oft böswilligen und leicht reizbaren (*saepe malitiosum, petulans & facile irritabile*) Kreatur schliesst Pufendorf auf das oberste Prinzip seiner Naturrechtslehre, dessen Formulierung wir hier nach der ersten deutschen Übersetzung aus dem Jahre 1711 auszugsweise wiedergeben:

"Nach dem wir nun dieses zuvoraus feste gestellet haben, so wird man in solchen Wege leicht auff den Grund des Natürlichen Gesetzes kommen können. Denn dieses seynd lauter offenbahre Warheiten, dass der Mensch von Natur auff seine selbst Erhaltung sehr eifferig beflissen sey; für sich allein aber solchen Zweck nicht erreichen könne, indem er von Natur sehr ohnmächtig und elend ist, und ohne Beyhülffe, seines Gleichen nicht fortkommen kan; dass das Mittel es ehe zugelangen dieses sey, wenn die Menschen in Eintracht zusammen setzen, und einer es mit dem andern wohl meynet, wobey gleichwohl aber auch dieses zu bedencken, dass der Umgang mit den Menschen, wenn er sich auff die schlimme Seite legen will, es sey, dass er voller Bossheit und Frevel stecke, dadurch er denn leicht in Harnisch gebracht so viel Willen als Macht in der Ausslassung seiner Bossheit beweisen könne. Was ist denn nun wohl nach dem Rechte der gesunden Vernunfft hiebey vonnöthen? Nichts anders kan es seyn, als dass alle und jede Gliedmassen des Menschlichen Geschlechts, wann sie verlangen, dass es ihnen wohl gehen solle, und wenn sie desjenigen Guten, welches sonst ihren Zustande convenabel ist, theilhafft werden wollen, sich für allen Dingen der Geselligkeit befleisigen, das ist, dass sie in einem freundlichen und liebreichen Umgange mit ihres gleichen zu leben, und sich also gegen sie zu bezeugen suchen, damit diese keinen Anlass bekommen, sie einiger massen zuverletzen, sondern dass sie vielmehr Ursache finden, sie bey guten Wohlstande zuerhalten, oder denselben zubefördern. ... Solchen nach fliesset auss demjenigen, was bisdaher fürgestellet worden der Grund-Satz derer Natürlichen Rechte von selbst, und durch eine gantz ungezwungene oder ungekünstelte Folge, und bestehet darinne: *dass ein jeder Mensch, so viel an ihm ist, eine friedfertige und liebreiche Geselligkeit unterhalten, und sich gegen seines gleichen also bezeügen solle, wie es die Beschaffenheit und der Zweck des Menschlichen Geschlechtes durchgängig erfordert (cuilibet homini, quantum in se, colendam & conservandam esse pacificam adversus alios socialitatem, indoli & scope generis humani in universum congruentem).*"[6]

Unter "Geselligkeit" oder socialitas, diesem obersten Prinzip seiner Naturrechtslehre, versteht Pufendorf aber nun nicht einen biologischen Trieb des Menschen zur Gesellschaft, einen *appetitus socialis,* wie ihn Grotius seiner Naturrechtslehre zugrunde gelegt hat, oder etwa einen Hang des Individuums, sich besonderen Gesellschaften oder Interessengemeinschaften (*societates particulares*) anzuschliessen, sondern darunter versteht er eine auf die "Natur" des Menschen zurückzuführende wohlwollende Neigung zu *einem jeden* Mitmenschen (*dispositionem hominis erga quemvis hominem*): "Und ist also zu unserer Geselligkeit nicht genug, dass man blosser Dinge einen Vorsatz habe, mit ein oder den andern Compagnie zumachen; Sondern Geselligkeit heisset allhier die jenigen allgemeine Neigung aller und jeder Menschen gegen einander, da sie sich durch Wohlgewogenheit, Friede und Liebe untereinander zuverbinden trachten."

Weiteren Aufschluss über sein Sozialitätsprinzip und über dessen begriffliche Affinität zur "allgemeinen Liebe" der späteren Aufklärungsmoral gibt Pufendorf anlässlich seiner Stellungnahme zu dem Einwand, dass doch angesichts einer allgemeingültigen natürlichen Liebe für das Individuum kein Grund zum Anschluss an besondere Interessen- und Liebesgemeinschaften mehr vorliege. Man verwechselt, meint Pufendorf, "die allgemeine Geselligkeit mit denen besondernen und engern Gesellschaften; Ja, die gemeine Liebe mit derjenigen, die umb besondernen Ursachen her entstehet. Denn gewisslich hat jene keine andere Ursache zum Grunde, als die Gleichheit der menschlichen Natur." (*Scilicet confunditur heic communis illa socialitas cum peculiaribus & arctioribus societatibus; communis amor cum illo, qui ex peculiaribus causis provenit. Nam revera ad communem istum amorem nulla alia requiritur ratio, quam quod quis homo sit.*)[7]

Von Nützlichkeitserwägungen unbeeinflusst und über jede engere gesellschaftliche Bindung hinausreichend, ist die socialitas auf die ganze Menschheit, auf jeden Menschen *qua*

Menschen gerichtet. Gerade in seiner unterschiedslosen Bezugnahme auf das gesamte Menschengeschlecht liegt das Bedeutsame dieses Pufendorfschen Prinzips, das die allen Menschen anverwandte und gleiche Natur, das Menschsein an sich als einzige Voraussetzung hat. Die Gesetze der Geselligkeit, heisst es an einer Stelle, obliegen auch denen, die "blosser Dinge nur durch die allgemeinen Bande der Menschlichkeit" (*qui non alio quam humanitatis vinculo*) vereinigt sind. Auf die Menschlichkeit, die *humanitas,* allein kommt es hier an. Dasselbe gilt für die "gemeine Liebe". Auch sie beruht auf der Gleichheit der menschlichen Natur, umfasst das ganze Menschengeschlecht und hat als einzige Voraussetzung das blosse Menschsein: "Weil der andere auch ein Mensch, und einer dem andern von Natur so nahe verwandt ist" (*quia & alter homo, i.e. a natura cognatum animal est*).[7] Die Erweisung wahrer Menschlichkeit gegen alle und jeden Menschen, die "Achtung vor der Menschheit in jeder Person" ist nach Welzel[8] der tiefste Sinn der socialitas.

Dass Pufendorf unter der von ihm zum Fundamentalprinzip erhobenen socialitas tatsächlich einen der christlichen Liebe entsprechenden säkularen Grundbegriff verstanden hat, ist wohl kaum zu bezweifeln. Wie der Heiland den Inbegriff des göttlichen Gesetzes auf die Liebe zu Gott und den Nächsten zurückgeführt habe, so lasse sich darauf auch das gesamte Naturrecht zurückführen. "Denn", so heisst es weiter im Vorwort zu der Schrift *De Officio,* "die socialitas, die wir zur Grundlage des Naturrechts gemacht haben, lässt sich leicht in Nächstenliebe auflösen." (*Nam & socialitas, quam nos pro fundamento juri naturali substravimus, commode in dilectionem proximi resolvi potest.*) Auf die begriffliche Entsprechung von Nächstenliebe und socialitas beruft Pufendorf sich, wenn er in späteren Jahren Wesen und Ursprung seines Sozialitätsprinzips zu rechtfertigen sucht. Die socialitas sei für ihn das oberste Prinzip des Naturrechts in demselben Sinne, wie in der Heiligen Schrift die Liebe der Inbegriff des

Gesetzes ist (*Eodem sensu, quo in Sacris Literis dilectio summa legis dicitur*). * Und den Gegnern seiner Naturrechtslehre, die der socialitas die unheilvollsten Konsequenzen prophezeiten, erwiderte er, dass in dem Falle das Gebot der christlichen Nächstenliebe denselben Folgen preisgegeben sei (*Quin & iisdem consequentiis Salvatoris nostri sententia de dilectione proximi obnoxia est*). *

Trotzalledem unterscheidet Pufendorf terminologisch genau zwischen der naturrechtlich begründeten socialitas und der christlichen Liebe des Nächsten. So ist bei ihm von der Nächstenliebe und nicht von der socialitas die Rede, wenn er sich auf neutestamentliche Quellen beruft oder auf den Erlöser und die von ihm verkündete Liebe zu sprechen kommt. Bedient Pufendorf sich andererseits eines Ersatzwortes für *socialitas* oder Geselligkeit, so wählt er unter sorgfältiger Vermeidung der christlichen *dilectio proximi* den säkularen Terminus *communis amor* oder "gemeine Liebe". Wie das Wissen des Menschen um seine Lebenspflichten drei verschiedenen Quellen entstamme, nämlich der Vernunft, dem bürgerlichen Gesetz und der Offenbarung des göttlichen Willens, so gebe es drei verschiedene Wissensbereiche: das Naturrecht, das Bürgerrecht und die Moraltheologie. Eine jede dieser drei Disziplinen habe für ihre Lehren oder Dogmen ihre eigene, ihrem Prinzip entsprechende Methode der Beweisführung (*Singulae harum disciplinarum modum sua dogmata probandi adhibent, suo principio respondentem*). Der Unterschied zwischen dem Naturrecht und der Moraltheologie beruht demnach auf der Verschiedenheit der Quelle, aus der beide ihre Dogmen schöpfen (*resultat ex diverso fonte, unde sua dogmata utraque derivat*).[9] Dementsprechend ist denn auch in den Schriften Pufendorfs von zwei Liebesbegriffen die Rede: von der *dilectio proximi* als dem Inbegriff des geoffenbarten göttlichen Gesetzes und von der

* *Eris Scandica*, Frankfurt 1706, S. 70.

socialitas als dem Fundamentalgesetz des vernunftgemässen säkularen Naturrechts. An die Seite der christlichen "Liebe des Nächsten" ist die naturrechtliche "Geselligkeit" oder "gemeine Liebe" getreten.

Christian Thomasius

In dem am 19. Sonntag nach Trinitatis 1691 in Halle gehaltenen *Collegium Privatum* über seine 1688 veröffentlichten *Institutiones Jurisprudentiae Divinae* rühmte sich Christian Thomasius, dass er in seiner Naturrechtslehre noch weiter gegangen sei als der Herr von Pufendorf und dass er der erste gewesen sei, der das göttliche geoffenbarte Gesetz von dem Recht der Natur so ausführlich unterschieden habe. In seiner Vorlesung bekannte Thomasius sich zu den immer noch von den kirchlichen Autoritäten heftig bekämpften Lehren Pufendorfs und bestand er wie dieser auf der strengen Unterscheidung kirchlich-religiöser Fragen von philosophischen und wissenschaftlichen.

Geboren wurde Christian Thomasius in Leipzig am Neujahrstag des Jahres 1655 als ältester Sohn des Professors der Philosophie und der Beredsamkeit Jacob Thomasius und seiner Ehefrau Marie, Tochter des Leipziger Archidiakonus Jeremias Weber. Vom Vater erhielt er seine erste philosophische Ausbildung, und diesem verdankte er auch seine erste geistige Begegnung mit Hugo Grotius, dessen Schriften in ihm das Interesse für naturrechtliche Fragen weckten und zur weiteren Lektüre des Buches vom Natürlichen und Völcker-Recht des unvergleichlichen Herrn von Pufendorf anregten. Nach Erlangung des Bakkalaureats und dann des Magistertitels (1672) an der Universität Leipzig siedelte Thomasius, der sich seit 1774 der Jurisprudenz zugewandt hatte, nach Frankfurt a.d. Oder über, wo er bei dem seinerzeit berühmten Rechtsgelehrten Samuel Stryk hörte, unter dessen Präsidium er schliesslich 1679 zum Dr. juris promovierte.

Etliche Jahre vorher hatte er hier die Pufendorfschen Schriften, die in Leipzig verboten waren, studieren können und hatte er Vorlesungen gehalten, in denen er die Anschauungen Pufendorfs bekämpfte. Dessen Angriffe auf die hergebrachte Lehre hatten Thomasius missfallen; denn, so urteilte er rückblickend auf die Anfänge seiner Lehrtätigkeit, er hätte die theologischen Fragen von den philosophischen noch nicht zu unterscheiden gewusst, und es hätte niemand gegeben, der ihm das beigebracht hätte. Den geringsten Zweifel an den Lehrsätzen der Theologen hätte er noch für eine Sünde gehalten und sich eher der Dummheit bezichtigt als die Richtigkeit der christlichen Lehre in Frage zu stellen.

Zu einer Richtungsänderung im Denken des kaum Zwanzigjährigen kam es mit der Lektüre der 1774 erschienenen *Apologia Pufendorffii*. Nun habe er begonnen, die Nebel, die seinen Verstand verdunkelten, zu vertreiben. Tiefes Nachsinnen über den Unterschied von Theologie und Philosophie wie sorgfältiges Lesen politischer und juristischer Schriften hätten ihn gelehrt, dass die Theologen vieles zu verteidigen pflegten, was nicht zur Theologie, sondern zur Moralphilosophie oder zur Jurisprudenz gehörte (*quae Theologica non essent, sed ad Philosophicam Moralem, aut Jurisprudentiam pertinerent*).[10] Das Übergreifen kirchlicher Autorität auf Wissensgebiete, die nicht zur Theologie gehörten, lehnte er von jetzt an ab. Als ein mit Vernunft ausgestattetes Wesen fühlte er sich seinem Schöpfer gegenüber zum selbständigen Denken verpflichtet und verschmähte er das "Joch menschlicher Autorität, und zwar einer höchst unvernünfftigen Autorität". Fortan waren bei Thomasius die Quellenkreise des natürlichen und des göttlichen Rechts, das Licht der Vernunft und das der Offenbarung, streng geschieden. Mit dieser grundsätzlichen Trennung von Glauben und Vernunft war für ihn die Befreiung der Rechtswissenschaft und der Philosophie von der Theologie vollzogen. Seine in diesem denkfreiheitlichen Geiste gehaltenen Vorlesungen an der

Universität Frankfurt machten Christian Thomasius auf deutschem Boden zum ersten Verkünder des Naturrechts Pufendorfscher Prägung.

Nach seiner Rückkehr in die Vaterstadt Leipzig setzte Thomasius in den frühen achtziger Jahren als *Dr. privatus et practicus* die Vorlesungen über Naturrecht an der Universität fort und stiess dabei, wie nicht anders zu erwarten war, auf den heftigsten Widerstand der theologischen Fakultät wie der übrigen Autoritäten der lutherischen Landeskirche. Mit seiner Abhandlung *De Crimine Bigamiae* (1685), in der er die Vielweiberei zwar nach positivem Recht für strafbar, nach dem Naturrecht dagegen für erlaubt hielt, zog er sich die erbitterte Feindschaft der orthodoxen Juristen und Theologen zu, namentlich des führenden Orientalisten und Archidiakonus der Thomaskirche August Pfeiffer. Und als dann ein Jahr später sein erstes Hauptwerk, die *Institutiones Jurisprudentiae Divinae,* erschien, in dem er die Pufendorfsche Naturrechtslehre gegen die Angriffe vonseiten seines Lehrers, des Leipziger Philosophen und orthodoxen Theologen Valentin Albertus, verteidigte, vertiefte sich der Bruch mit der lutherischen Orthodoxie. Weitere Zusammenstösse mit den kirchlichen und landesherrlichen Autoritäten, wie der Gelehrtenstreit mit dem dänischen Hofprediger Masius, das zugunsten des Pietisten August Hermann Francke verfertigte Rechtsgutachten und schliesslich die Befürwortung der am sächsischen Hofe zu Dresden unerwünschten Vermählung des lutherischen Herzogs Moritz Wilhelm zu Sachsen-Zeitz mit einer Reformierten, einer verwitweten Tochter des Grossen Kurfürsten, gaben den Gegnern des Thomasius genügend Anlass, beim Oberkonsistorium ein Rede- und Veröffentlichungsverbot, beim Kurfürsten von Sachsen einen geheimen Haftbefehl gegen ihn zu erwirken.

Der vollständige Titel der 1688 erschienenen *Institutiones* lässt keinen Zweifel aufkommen über die geistige Abhängigkeit des Verfassers von der Naturrechtslehre Pufendorfs.

Er verspricht eine unwiderlegbare Darstellung der Hypothesen der Pufendorfschen Lehre (*in quibus Hypotheses Pufendorfii circa doctrinam Juris Naturalis Apodictice demonstrantur et corroborantur*) und eine erstmalig unternommene Scheidung des positiven göttlichen Rechts vom natürlichen Recht (*praecepta vero Juris Divini Positivi Universalis primum a Jure Naturali distincte secernuntur et perspicue explicantur*). In der Vorrede bekennt Thomasius zusätzlich, er habe in seinen *Institutiones* ständig die Schriften Pufendorfs vor Augen gehabt und habe des öfteren ganze Stellen wortgetreu aus Pufendorf übernommen.

Mit Worten kollegialer Anerkennung belohnte ihn Pufendorf, mit dem er seit dem Sommer 1686 im Briefwechsel stand: "Bin MhH [Mein hochgeehrter Herr] sehr obligiret für seine gute affection gegen mir, und für communication seiner Gedanken, die ich allerdings mit denen meinigen accordirend befinde; und bin versichert, dass MhH entlich Albertum [Valentin Albertus] wird ad silentium redigiren, und sein Compendium Orthodoxum bey die würzkrämer bringen." Auf brieflich eingestandene Bedenken, dass er in den *Institutiones* in einigen Dingen von den Meinungen Pufendorfs abgewichen sei, antwortet ihm dieser grossmütig: "Denn das stehet je einem ieden frey und mag einer mea pace alle meine sachen rejiciren, in fall er raisons kan beybringen, wenn er mich nur nicht will zum ketzern machen, welches ich nicht leyden kan. Und daran unterscheidet man einen freund von einem adulatore, dass dieser alles ohne unterschied probiret, iener aber auch bissweilen dissentiret."

Mag Thomasius auch gelegentlich von der Naturrechtslehre Pufendorfs abgewichen oder, wie er meinte, gar über dessen Anschauungen vom Recht der Natur hinausgegangen sein, im Grundsätzlichen, insbesondere in der Auffassung des Pufendorfschen Fundamentalprinzips der socialitas glaubten sie beide in Übereinstimmung zu sein. Das versichert uns kein anderer als Pufendorf selbst in seinem Brief vom 14. Martij

Ao. 1688: "Ich bekenne ... sonderlich dass MhH die fundamentalen propositiones de socialitate so deutlich demonstriret, und alles so wohl darauss deduciret."[11]

Vom Menschen als einem vernünftigen und gesetzigen Wesen ausgehend — denn es gäbe keine Vernunft ohne Gespräch und kein Gespräch ausserhalb der menschlichen Gesellschaft — bestimmt Thomasius die socialitas als die jedem Menschen von Gott eingegebene Neigung, mit seinen Mitmenschen glücklich und friedlich zusammenzuleben (*Socialitas vero est inclinatio communis, toti humano generi a Deo indita, vi cujus desiderat vitam cum aliis hominibus beatam & tranquilam*).[12] Der Inbegriff des Naturgesetzes ist ausgedrückt in dem Satz: Tue, was notwendigerweise mit dem geselligen Leben des Menschen übereinstimmt und vermeide, was dem entgegenwirkt (I,4,64). Sowohl die Unterlassung der im Sinne dieses Sozialitätsprinzips auszuführenden Taten wie die Ausübung gesetligkeitswidriger Handlungen stören den allgemeinen Frieden und führen zum Krieg aller gegen alle, zum Untergang des Menschengeschlechts (I,4,69). Wer es lediglich unterlässt, den Nebenmenschen zu verletzen, der leistet der Sozialität kein völliges Genüge; denn erst dann ist das Leben glücklich und friedvoll, wenn wir uns gegenseitig behilflich sind, damit es uns gut ergehe (II,6,2). Socialitas bedeutet aktive Teilnahme an des Mitmenschen Wohlergehen und ist der Born aller Dienste der Humanität (*fons officiorum humanitatis*).

Wie Pufendorf zwischen dem Sozialitätsprinzip seiner Naturrechtslehre und dem Liebesgebot der Heiligen Schrift begriffsgenetisch unterschieden und die Verschiedenheit ihrer Quellen auch sprachlich durch die saubere Trennung der Termini *socialitas* einerseits und *dilectio proximi* andererseits zum Ausdruck gebracht hat, so stellte Thomasius seiner naturrechtlichen Grundregel die des "positiven" Gesetzes gegenüber: Tue ausser dem, was mit der geselligen Natur des Menschen im Einklang steht, auch das, was dir Gott zu tun in der Heiligen Schrift geoffenbart hat, und vermeide das Gegenteil (I,4,78).

Deutlich werden auch hier die zwei obersten Prinzipien des natürlichen und des geoffenbarten Rechts unterschieden, und wie Pufendorf führt Thomasius diese Differenzierung auf die Verschiedenheit der von ihm benutzten Quellen zurück (*Ex his duobus fontibus omnes conclusiones praeceptorum specialium tanquam rivulos deducemus* [I,4,80]).

Wenige Wochen nach seiner Flucht aus Leipzig begann Christian Thomasius im Mai 1690 seine naturrechtlichen und philosophischen Vorlesungen an der kurz zuvor gegründeten Ritterakademie zu Halle. Hier, im neu erworbenen branden-burgischen Gebiet, war unter der Herrschaft des Kurfürsten Friedrich III. von Brandenburg jenes geistige Kraftzentrum im Entstehen, das als die brandenburgisch-preussische Universität Halle (1694) gegenüber den benachbarten sächsischen Hochschulen Leipzig, Wittenberg und Jena für Jahrzehnte die Hochburg zugleich des deutschen Rationalismus und des Pietismus werden sollte.

Die für die Universität Halle segensreiche Lehrtätigkeit des aus Leipzig Vertriebenen wurde bald ergänzt durch die Vorlesungen des Pietisten August Hermann Francke, der sich 1692 als Pastor und Lehrer der orientalischen Sprachen in Glaucha, einem Vorort von Halle, niedergelassen hatte und fortan dem Pietismus in Halle einen sicheren Halt verschaffte. Auf Empfehlung von Leibniz erhielt dann Ende 1706 auch der zu Breslau geborene, ebenfalls wegen seiner unortho-doxen Ansichten von der Universität Leipzig verschmähte Christian Wolff einen Ruf nach Halle. Von hier aus ver-breitete sich der "Wolffianismus" über ganz Deutschland, und als Wolff 1754 starb, war auch das letzte Philosophie-Ordi-nariat von einem Wolffianer besetzt (Schöffler).

War die Universität Halle in der ersten Hälfte des 18. Jahrhunderts Ausstrahlungsort sowohl der Aufklärung als auch des antiaufklärerischen Pietismus, so verkörperte

Christian Thomasius, dem 1710 das Direktorat auf Lebenszeit übertragen worden ist und der erst zwei Jahre vor seinem Tode (1728) seine Vorlesungen eingestellt hat, beide geistigen Strömungen in einer Person.

Ob Thomasius als ethischer Pietist (W. Bienert) zu sehen ist oder ob man hinsichtlich seiner religiösen Wandlung und Annäherung an den Pietismus eher von einer pietistischen Lebensperiode reden sollte, die etwa um die Zeit seiner Berufung nach Halle einsetzte, dann aber gegen die Jahrhundertwende unter Einfluss der Schriften John Lockes zur Neige ging (F. Brüggemann), sei dahingestellt. Nirgends scheint jedoch dieser "Umschwung in der Stimmung des Philosophen" deutlicher zutage zu treten als in seiner Ethik, an der er mehrere Jahre gearbeitet hat und die über einen Zeitraum von vier Jahren in zwei Teilen als *Einleitung zur Sittenlehre* (1692) und als *Ausübung der Sittenlehre* (1696) erschienen ist.

Der vollständige Titel der *Einleitung:* "Von der Kunst Vernünftig und Tugendhaft zu lieben, als dem eintzigen Mittel zu einem glückseligen, galanten und vergnügten Leben zugelangen" bejaht nicht nur die Möglichkeit einer irdischen Glückseligkeit, sondern besagt auch, dass *nur* die vernünftige und tugendhafte Liebe zu ihr führt. Von der Tugend, insoweit man *vermögend ist durch natürliche Kräfte* dieselbe zu erlangen, soll die Rede sein. Auch in dieser Schrift will Thomasius die Vernunft und Offenbarung nicht miteinander vermischt haben. Sein Ziel sei, seine Leser nicht zu Christen, sondern lediglich zu Menschen zu machen. Weiter ginge sein Beruf nicht.[13] Spürt man in der *Einleitung* deutlich den ethischen Optimismus des Aufklärers, und folgte der Verfasser hier noch naturrechtlichen Gedankengängen, so spricht aus der *Ausübung,* dem vier Jahre später vollendeten zweiten Teil der thomasischen Ethik, ein ganz anderer, vom Sündenpessimismus und von dem Glauben an das sittliche Unvermögen des Menschen erfüllter Geist.

Da heisst es jetzt, dass das natürliche Vermögen des Menschen nicht ausreiche, ihm Glückseligkeit zu verschaffen.[14] Der Verstand regiere nicht den Willen, sondern der den Affekten unterworfene, d.h. unfreie, Wille regiere den Verstand. Unzulänglich sind demnach auch die philosophischen Regeln. Philosophie und Sittenlehre können den Menschen nicht trösten. Doch leiten die Lehrsätze der Sittenlehre zu einer höheren und heiligeren Wissenschaft, zur wahren Theologie. "Die Sittenlehre gehet nicht weiter, als dass sie den Stand der Bestialität dem Menschen zu erkennen giebt, und ihn von dar zu dem Stand der Menschheit leitet. Wie er aber von der Menschheit und blossen Vernunft ab=und zum wahren Christenthum geleitet werden solle, das zeiget die Heilige Schrift, und darzu hilft ihm die Göttliche Gnade" (XV,22). Mit seiner Absage an die Vernunft als Norm ethischen Handelns und mit dem Bekenntnis, dass er sich durch die gemeine nichts bedeutende Distinction unter Philosophischen und Theologischen Tugenden habe verleiten lassen und das natürliche Unvermögen auch in Philosophischen Tugenden nicht gesehen habe (XV, 24), ist Thomasius von seiner früheren *Einleitung der Sittenlehre* entschieden abgerückt.

Dass die *vernünftige Liebe anderer Menschen,* und zwar nur sie, zur höchsten Glückseligkeit führen kann, ist der Hauptgedanke der *Einleitung.* Damit wird an sich der christlichen Heilslehre kein Abbruch getan, da die "vernünftige Liebe", wie Thomasius sie konzipierte, als eine Staffel gedacht ist, "dadurch man zu der Christlichen Liebe gelangen kan, und wie derjenige GOtt unmöglich lieben kan, der nicht einmahl seinen Bruder liebet: Also kan derjenige ohnmöglich andere Menschen Christlicher Weise lieben, der nicht einmahl dieselbigen vernünftig liebet" (Zuschrift). Wahre Christen bedürfen ihrer nicht. Die vorliegende Sittenlehre will ja auch nicht für gottselige Christen, sondern für die weit grössere Zahl der sich Christen nennender, aber nicht

christlich handelnder Menschen bestimmt sein. Diese erst
einmal aus dem Stande der Bestialität und Unvernunft zu
befreien und mittels der vernünftigen Liebe in den Stand wahren Menschentums zu erheben (Vorrede), ist der eigentliche
Zweck dieser vernunftgemässen Sittenlehre, der Thomasius in
Anbetracht der angeblichen Wirkungsbegrenztheit der Heiligen Schrift die hochwichtige Aufgabe zuerkennt, die vom
Christentum nicht voll und ganz erfassten Menschen zur
Sittlichkeit zu erziehen.

Hatte Pufendorf sein Fundamentalprinzip der socialitas
aus der Natur des Menschen als eines auf Selbsterhaltung
bedachten, existentiell hilfsbedürftigen, vernünftigen und
geselligen Wesens hergeleitet, so ging Thomasius bei der
Bestimmung der "vernünftigen Liebe anderer Menschen" von
ähnlichen Voraussetzungen, von einem Menschenbild aus,
dessen Wesenszüge uns bei Pufendorf und in den von diesem
so weitgehend beeinflussten *Institutiones* begegnet sind.

Von seiner Geburt an in grösster Unvollkommenheit, ist
der Mensch mehr noch als das Tier abhängig von der Hilfe
anderer. Ohne die menschliche Gesellschaft ist er infolge
seiner natürlichen Dürftigkeit dem Verderben preisgegeben,
zumindest zu einem verdriesslichen Leben verurteilt (I,30,
65; II,74). Denkfähigkeit und Gedankenkommunikation
machen ihn zur vernünftigen Kreatur zum Unterschied von
den Tieren (I,4; II,75). So stehen Vernunft und gesellige
Wesensart in lebenswichtiger Beziehung: "Ein Mensch wäre
kein vernünftiger Mensch ohne andere menschliche Gesellschaft" (II,75). Und "ohne menschliche Gesellschaft würde
ein erwachsener Mensch kein Vergnügen haben, wenn er
gleich die gantze Welt besässe" (II,76).

Wie Pufendorfs socialitas ist auch die "vernünftige Liebe anderer Menschen" als ein in der menschlichen Natur gegründetes Phänomen zu verstehen.*

Je nachdem nun die "vernünftige Liebe anderer Menschen" auf alle Menschen ohne Ausnahme oder auf einen ganz bestimmten Menschen oder ganz bestimmten Kreis von Menschen gerichtet ist, ist sie "allgemein" oder "absonderlich". Ähnlich hatte Pufendorf zwischen der "allgemeinen Geselligkeit" einerseits und unserem Hang zum Anschluss an besondere Interessengemeinschaften andererseits unterschieden und dann die "allgemeine Liebe" mit jener, die "absonderliche Liebe" mit dieser identifiziert.**

In ihrer Bezogenheit auf die ganze Menschheit stützen sich sowohl Pufendorfs Sozialitätsprinzip als auch die "allgemeine Liebe" des Thomasius in gleicher Weise auf den der modernen Naturrechtslehre zugrunde liegenden Zentralgedanken von der natürlichen Gleichheit aller Menschen. Auf der "Gleichheit der menschlichen Natur", auf der "allgemeinen Gleichheit", die sich für Thomasius, wie vorher für Pufendorf, aus der gleichen physiologischen Beschaffenheit aller menschlichen Kreaturen ergibt*** und von ihm zusätzlich bekräftigt wird durch seine Überzeugung, dass alle Menschen an der göttlichen Liebe gleichen Anteil und vor Gott gleiches Recht haben, "weil sie gleicher Weise unter Gott sind", beruht der Anspruch dieses "vernünftigen" Liebebegriffs auf Gültigkeit für die ganze Menschheit, Ketzer, Juden und Heiden nicht ausgenommen. "Denn es ist anfäng-

---

*   "Wir wollen von dieser vernünftigen Liebe etwas mehrers reden, um darzuthun, dass das Wesen des Menschen, dadurch er von den bestien entschieden wird, so ferne das natürliche Licht selbiges begreiffen kan, in nichts anders als *in einer tugendlichen Liebe anderer Menschen bestehe*" (II,72. Fettdruck im Text; vgl. auch IV,2).
**   Vgl. Pufendorf, De Jure II,3,18.
*** Vgl. Pufendorf, De Jure III,2,3; Thomasius, Einleitung, V,4.

lich eine *allgemeine Gleichheit*, die man bey allen Menschen antrift, sie mögen seyn von was Stand, Alter und Nation sie wollen. Diese Gleichheit bestehet in *der menschlichen Natur*, und kan durch keine Ungleichheit, sie möge Namen haben wie sie wolle, aufgehoben werden; Sondern bindet den mächtigen *König* und den ärmsten *Bettler*, den grössten *Heiligen* und den verdammtesten *Ketzer*, den gelehrtesten Mann und den *unverständigsten* Bauer zusammen, . . ." (V,3; Fettdruck im Text).

Zum Unterschied aber von Pufendorf, der das blosse Menschsein als alleinigen Beweggrund für die "allgemeine Liebe" angibt (*non ad commodum inde proviens, sed ad communem naturam* [De Jure II,3,18]), klingt bei Thomasius das Motiv des individuellen Nutzens mit an.

Zwar machte Thomasius das zeitliche Wohlergehen und die höchste Glückseligkeit aller Menschen zum Anliegen seiner Sittenlehre, und so hat denn sein Liebesbegriff ganz den Anschein eines im Dienste einer Sozialethik stehenden Altruismus. Und doch ist die *Einleitung* bei näherer Untersuchung in erster Linie eine auf das persönliche Wohl abzielende Individual-Ethik, deren Fundamentalkonzept der vernünftigen Liebe vornehmlich als ein "Mittel" zur individuellen Seelenruhe, zur höchsten Glückseligkeit des Einzelnen gedacht ist.

Denn zur Glückseligkeit gelangt man allein durch die vernünftige Liebe, ohne die es überhaupt keine wahre Gemütsruhe geben kann. Der Nützlichkeitswert kommt darin zum Ausdruck, *"dass die Vernünftige Liebe anderer Menschen das eintzige Mittel sey zu der wahren Gemüths-Ruhe zu gelangen"* (IV,60; Fettdruck im Text). Nicht um der Guttat willen allein sucht der Mensch das Wohl aller zu fördern, sondern "weil von dem allgemeinen Wohlsein auch sein eigenes dependiret" (III,69). Seinem Mitmenschen fügt er keinen Schaden zu im Vertrauen auf Gottes Lohn und auch, "weil er sich fürchtet, seine Gemüths-Ruhe dadurch zu verstöhren, in dem ihm sonsten sein Gewissen allzeit vorsagen würde, dass er durch eine dergleicher That wider Gottes Willen gehandelt" (III,69). Und zur allgemeinen Liebe, zur Liebe unserer Mitmenschen, sind wir verpflichtet einmal "in Ansehen unserer Schuldigkeit *gegen das ganze menschliche Geschlecht*", dann aber auch "in Ansehen *unserer selbst,* weil wir sonsten . . . unserer Gemüths-Ruhe mehr stöhren als befördern, und also uns selbsten an unserer grössten Glückseeligkeit hinderlich seyn würden" (V,66; Fettdruck im Text). Unverschleiert spricht aus diesen Nützlichkeitserwägungen die Besorgnis um das persönliche Lebensglück, das hier zur eigentlichen Triebfeder unseres sittlichen Handelns wird. Indem Thomasius das sittlich Gute mit dem Streben nach Glückseligkeit und mit dem Nützlichen gedanklich verknüpft, liefert er einen frühen Nachweis für die mit dem Schrifttum der Frühaufklärung einsetzende Tendenz zum utilitarischen Eudämonismus, dessen Einfluss auf die deutsche Moralphilosophie der Aufklärung bis zur Kantischen Pflichtmoral bedeutend geblieben ist.

Mit Hinsicht auf den bedeutungsgeschichtlichen Zusammenhang der verschiedenen Liebesgedanken scheint mir die begriffsanalytische Aussage des Thomasius über die von ihm vernunftgemäss konzipierte "allgemeine Liebe" erwähnenswert. Danach setzt diese sich aus den fünf Tugenden: Leutseligkeit, Wahrhaftigkeit, Bescheidenheit, Verträglichkeit und Geduld zusammen, von denen die Leutseligkeit neben der Geduld die "alleredelste" ist (V,20). Zählt hier nun die Leutseligkeit als wesentliche Komponente der "allgemeinen Liebe", so ergibt sich damit ein gewisses Bedeutungsverhältnis der thomasischen Liebesidee zur späteren "Menschenliebe". Denn bis ins 18. Jahrhundert hinein ist lat. *humanitas* oder griech. *philanthropia* mit dem Wort Leutseligkeit verdeutscht worden, das dann im Laufe des 18. Jahrhunderts seinen Bedeutungsinhalt an das Wort Menschenliebe abge-

treten hat und in wortgeschichtlicher Hinsicht gewissermassen als Vorläufer der "Menschenliebe" gelten darf.*
Freilich ist die Leutseligkeit *thomasischer* Prägung nur
mit Einschränkung als Vorläufer der dem weltbürgerlichen
Humanitätsideal verpflichteten Menschenliebe späterer Jahrzehnte anzusehen. Es versteht nämlich Thomasius unter den
Diensten der Leutseligkeit, den *officiis humanitatis*, nichts
weiter als Gefälligkeiten, die man zum Unterschied von den
so geheissenen Guttaten und Liebesdiensten, welche sich nur
mit "Beschwerung" verrichten lassen, seinem Mitmenschen

qua Menschen auf Grund der Gleichheit der menschlichen Dürftigkeit ohne allzu grossen Aufwand und ohne eigene Lebensgefahr freiwillig leistet. "Also wenn man einen Menschen, den die Fluth an das Land geschmissen, umstürtzet, dass das Wasser wieder von ihm gehet, und er wieder zu sich selbst kommen kan, ist es keine Gutthat, ob man schon dadurch einen Menschen das Leben erhält. Wenn man aber mit Gefahr seines eigenen Lebens in das Wasser springt den andern zu retten, so gehöret es billig unter die Gutthaten. Wiederum, wenn ich mit Hindansetzung meiner nöthigen

In der Bedeutung von "Liebe zu den Mitmenschen", und zwar als Bezeichnung für die "raisonable" oder "vernünftige" Liebe, begegnet man dem Wort Menschenliebe schon in der *Ausübung der Sittenlehre* (1696; Kap. XI) des Thomasius. Die Möglichkeit einer sprachlichen Beeinflussung durch Arndts Werk ist hier nicht ausgeschlossen, zumal die Entstehung der *Ausübung* in eine Schaffensperiode des Verfassers fällt, in der dieser dem Pietismus am nächsten stand.

Zur Verbreitung des Wortes Menschenliebe als Terminus für den vernunftgemässen Liebesgedanken dürften in den zwanziger Jahren des 18. Jahrhunderts besonders die moralischen Wochenschriften beigetragen haben. Der Einfluss thomasischer Anschauungen macht sich dabei besonders geltend im *Patrioten* (114. Stück vom 7. März 1726), wo der Begriff der vernünftigen Liebe anderer Menschen, wie Thomasius ihn als Grundprinzip seiner Glückseligkeitslehre konzipiert hatte, in identischen Gedankenzusammenhängen nun auch als "dienstfertige Menschenliebe", als "allgemeine Menschenliebe" und als "allgemeine vernünftige Menschenliebe" erscheint.

Steinbach hat das Wort Menschenliebe erstmalig in einem Wörterbuch (*Vollständiges Deutsches Wörter-Buch*, 1734) aufgenommen. Hier verdeutscht es das griech.-lat. Lehnwort *philanthropia*, das bis dahin (noch 1727 bei Sperander: *A La Mode-Sprach der Teutschen*) durch "Leutseligkeit" übersetzt worden war. In Gottscheds *Weltweisheit* (1734) wird "Menschenliebe" schliesslich zur moralphilosophischen Bezeichnung der ausgesprochen rationalistischen Liebesidee.

Das Wort Menschenliebe sei in seiner Jugend "gar nicht bekannt" gewesen, seit einiger Zeit aber Mode geworden, bemerkte Justus Möser (1720–1794) in seinen *Patriotischen Phantasien*. Und

Geschäfte einem Irrenden den Weg zeüge, oder wenn ein Armer den andern auch nur einen Scherf Allmosen giebt, ist es kein gemein *officium humanitatis,* sondern eine Gutthat" (V,21–24).

Wie Pufendorf zwischen den Termini des theologischen und des naturrechtlichen Quellenkreises streng geschieden und dementsprechend die christliche Liebe des Nächsten seinem Sozialitätsprinzip gegenübergestellt hat, so differenzierte jetzt Thomasius zwischen dem Begriff der "christlichen" und dem der "vernünftigen" Liebe. Wenn er letztere Herder, der sich dann später für das Wort Humanität entschied, meinte gegen Ende des Jahrhunderts, dass das schöne Wort Menschenliebe so trivial geworden sei, dass man meistens die Menschen liebt, um keinen unter den Menschen wirksam zu lieben (27. Brief zu Beförderung der Humanität).

Sprachliche Parallelerscheinungen beleuchten den Säkularisierungsprozess des christlichen Liebesbegriffs im englischen und französischen Sprachraum: Nach Angabe des englischen Dichters John Dryden fehlte es im Englischen noch gegen Ende des 17. Jahrhunderts an einem passenden Wort, das die allgemeine Liebe zur Menschheit anstelle von "philanthropy" *("which we have not a proper word in English to express")* auszudrücken vermochte (Vgl. *New English Dictionary:* "philanthropy"). Diese Wortlücke schloss der Moralphilosoph Shaftesbury knapp zwei Jahrzehnte später *(Characteristics* 1711) mit dem Ausdruck *love of mankind,* der alsbald in der englischen Aufklärungssprache zur Bedeutung gelangte.

Als Wortersatz für *"charité"* hat der Abbé de Saint Pierre im Jahre 1725 das Wort *bienfaisance* eingeführt, angeblich weil der christliche Ausdruck von seinen französischen Zeitgenossen allzu sehr missbraucht worden sei. Deshalb habe er nach einem Wort gesucht, das den Gedanken des Dienstes an den Mitmenschen *(l'idée de faire aux autres)* genau entspräche *(Dict. de Trevoux,* Paris, 1771). "Bienfaisance", heisst es in der *Encyclopédie méthodique,* "hat unserem Jahrhundert seinen Charakter gegeben" (Nach D. Mornet, *Les Origines Intellectuelles de la Révolution Française,* Paris 1947, S. 261). Beschränkte sich das Wort *charité* fortan mehr und mehr auf die kirchliche Sphäre, so wurde "bienfaisance" im französischen 18. Jahrhundert zu einem säkularen *mot à la mode.*

53

nicht als oberste Tugend konzipiert haben will, sondern lediglich als "eine Staffel, dadurch man zu der Christlichen Liebe gelangen kan", so besagt das eben doch, dass wir es hier mit zwei ihrem Wertrange nach ungleichen Liebesideen zu tun haben. Inhaltlich identisch, wie Hans Wolff meinte, sind diese zwei Begriffe also keineswegs. Wenn dieser ferner glaubte, dass Thomasius den Begriff der Nächstenliebe vermieden und ihn durch den der "vernünftigen Liebe" ersetzt hat, "vermutlich weil er dem Verdacht einer zu engen Anlehnung an die Theologie vorbeugen wollte"[15], so trifft das nicht zu. Denn bei dem Terminus "vernünftige Liebe" handelt es sich nicht um ein Ersatzwort für die christliche Nächstenliebe, sondern um eine von Thomasius speziell für den säkularen Liebesgedanken verwendete Bezeichnung.

In der ihnen eigentümlichen Bedeutung ist in der thomasischen Sittenlehre von beiden Liebesbegriffen die Rede: sowohl von der "christlichen Liebe" oder der "Liebe Gottes und des Nächsten" als auch von der "vernünftigen" oder der "allgemeinen Liebe". Diesen zwei Auffassungen entsprechend liebt man denn auch "christlicher Weise" oder "vernünftig": "Wie derjenige Gott unmöglich [sic] lieben kan, der nicht einmahl seinen Bruder liebet: Also kan derjenige ohnmöglich [sic] andere Menschen Christlicher Weise lieben, der nicht einmahl dieselben vernünftig liebet" (Zuschrift). Und wie bis spät ins 18. Jahrhundert hinein nicht zufällig die Strenggläubigen vom "Bruder" und vom "Nächsten", die Aufklärer aber von "Menschen" und von "Bürgern einer Welt" sprechen, so redet auch Thomasius im theologischen Zusammenhang vom "Bruder", vom "Nächsten" und von "gottseligen Christen", im säkularen Zusammenhang dagegen von "Menschen", von "allen Menschen" und von dem "gantzen menschlichen Geschlecht".*

* Dazu W. Bienert, Der Anbruch der christlichen deutschen Neuzeit dargestellt an Wissenschaft und Glauben des Christian Thomasius, Halle 1934, S. 309: "Sowie die christliche Liebe alle Gläubigen verbindet, so soll die vernünftige Liebe alle Menschen verbinden."

Von Pufendorf zu selbständigem und vorurteilslosem Denken früh veranlasst, hatte Thomasius bereits in den *Institutiones* die Befreiung der Jurisprudenz und der Moralphilosophie von theologischer Bevormundung gefordert und hatte er einen scharfen Trennungsstrich zwischen der *ratio* und der *religio revelata* gezogen. Aus gleicher Geisteshaltung heraus ist auch die *Einleitung der Sittenlehre* entstanden, in der er ebenfalls Vernunft und Offenbarung nicht vermischt und die Tugend ja nur insoweit beschrieben haben will, "als man dieselbe vermögend ist durch natürliche Kräfte zu erlangen".

In zahlreichen Auflagen erreichte die thomasische Sittenlehre, eine der wichtigsten schriftstellerischen Leistungen der deutschen Frühaufklärung, das Lesepublikum des 18. Jahrhunderts. Pietisten wie Aufklärer konnten sich auf Thomasius berufen: die einen unter Bezugnahme auf sein Bekenntnis zur lutherischen Gnadenlehre in seiner *Ausübung,* die anderen mit dem Hinweis auf die Vernünftigkeit seiner *Einleitung,* deren Hauptidee von der allgemeinen Liebe aller Menschen auf das Humanitätsgefühl der Aufklärung zutiefst eingewirkt hat.

Christian Wolff

Im Jahre 1699, dem Todesjahr Erhard Weigels, begann der 1679 in Breslau geborene Lohgerberssohn Christian Wolff sein Studium in Jena. Vom Vater durch ein Gelübde zum evangelischen Theologen bestimmt und zum täglichen Bibellesen und fleissigen Kirchenbesuch angehalten, hatte sich in ihm zeitig das Interesse geregt für evangelische wie katholische Theologie. In der Breslauisch-schlesischen Gegenreformations-Situation (Schöffler) erlebte er früh den konfessionellen Antagonismus der Lutheraner und Katholiken, weswegen er sich auch durch Lektüre des Schrifttums beider

Glaubensbekenntnisse das geistige Rüstzeug zu verschaffen gesucht hat, das ihm beim Disputieren mit katholischen Studenten zugute kommen sollte.

Von seinen Gymnasiallehrern machten drei den tiefsten Eindruck auf ihn: Christian Gryphius, Gottfried Pohl und Caspar Neumann — alles ehemalige Weigelschüler, die in spezifisch Jenensisch-Weigelianischem Sinne auf ihn gewirkt haben. So hatte denn der heranwachsende Magdaläneumsschüler schon vor seiner Studienzeit an der Alma Mater Jenensis die Methodik der Mathematik und der Naturwissenschaften kennengelernt und in der diesen Disziplinen eigentümlichen exakten, demonstrativen Verfahrensweise eine auch auf die Theologie anwendbare, untrügliche Methode erkannt. Doch hören wir ihn darüber selbst: "Weil ich aber da unter den Catholicken lebte und den Eifer der Lutheraner und Catholicken gegen einander gleich von meiner ersten Kindheit an wahrnahm, dabey merckte, dass ein ieder Recht zu haben vermeinte; so lag mir immer im Sinne, ob es dann nicht möglich sey, die Wahrheit in der Theologie so deutlich zu zeigen, dass sie keinen Wiederspruch leide. Wie ich nun nach diesem hörte, dass die *Mathematici* ihre Sachen so gewis erwiesen, dass ein jeder dieselben vor wahr erkennen müsse, so war ich begierig die Mathematik *methodi gratia* zu erlernen, um mich zu befleissigen, die Theologie auf unwiedersprechliche Gewisheit zu bringen; da aber auch hörete, es fehlete noch die *Philosophia practica* und *Dürrii Theologie moralis,* welche damahlen im Schwange war, wäre ein dürres und mageres Werck, so setzte mir auch vor die *Philosophiam* und *Theologiam moralem* auszuarbeiten. Hierinnen bestärkte mich Herr Neumann, der den Nutzen der mathematischen Methode in der Theologie und Moral anpriess, auch wie ich bei ihm Abschied nahm, als ich auf die Universität reisete und ihm eröffnete, wie in Jena hauptsächlich meine Absicht auf die Physick und Mathematick gerichtet wäre, billigte er dieses gar sehr und setzte die

Worte hinzu: *Rara avis Theologus, Physicus et Mathematicus.*"[16]

In Jena zog es den soeben Immatrikulierten in die Kollegs des Professor Hamberger. Dieser war Schwiegersohn der Tochter Weigels und hatte im Oktober 1699 nach dem Ableben des berühmten Verwandten dessen Lehrstuhl für Mathematik übernommen. Des Herrn Hamberger *lectiones* haben den jungen Studiosus besonders erfreut, und rückblickend meinte er auch, dass er von diesen am meisten profitiert habe. Bei aller Begeisterung für das zu scharfem und logischem Denken zwingende mathematische Fach ist Wolff aber doch in erster Linie dem *studio Theologico* verpflichtet geblieben. "Weil meine Haupt-Absicht immer auf die Theologie gerichtet war, so konnte die Mathematik nicht anders als ein Nebenwerck *tractiren,* wie ich denn auch dabey keine andere Absicht hatte, als meinen Verstand dadurch zu schärffen und davon Regeln zu Leitung desselben in richtiger Erkäntniss der Wahrheit zu *abstrahiren.*"[17] Geistlicher zu werden war seine Absicht noch bis in die Jahre seiner Halleschen Lehrtätigkeit hinein, nachdem er bereits in den frühen Jenaer und Leipziger Jahren grossen Anklang gefunden hatte mit seinen Predigten. "Meine Predigten waren deshalb beliebt ... weil ich durch deutliche Begriffe die Sachen zu erklären suchte und immer eines aus dem andern *deducirte,* aus der Erklärung des Textes anfangs *conclusiones theoreticas* und nach dem aus diesen *practicas* zog, wo ich jeder Zeit auf die *motiva media, impedimenta et remedia* acht hatte und den Beweis nicht allein aus *dictis scripturae,* sondern auch aus den Begriffen der Sache führete."[18]

1703 habilitierte sich Wolff in Leipzig mit der Abhandlung *de Philosophia practica universali mathematica methodo conscripta.* Was der Dissertation nach zeitgenössischem Urteil ihren besonderen Wert verlieh, war das methodisch Neue an ihr, die Aktualität der Wolffschen Denkweise, welche den Herrn Neumann zu der bedeutungsvollen, die geistesgeschichtliche Richtung dokumentierenden Feststellung veranlasste, "man sollte die *Theologiam revelatam alia methodo,* nämlich nach der Art der *mathematicorum tractiren,* denn obgleich die Wahrheit immer einerley bleibe, so erfordert sie doch nach Beschaffenheit der Zeiten einen andern Vortrag. Und unsere Zeiten erforderten, dass man die Theologie auf eine gründlichere Art *tractirte,* als bisher geschehen."[19]

Auf eine dreijährige Dozentur in Leipzig folgte die auch von Leibniz befürwortete Berufung an die Universität Halle (Ende 1706) als Professor der Mathematik. Indem Wolff seine Vorlesungen in den ersten Jahren auf die Mathematik und Physik beschränkte, vermied er wohlweislich ein Übergreifen auf benachbarte, von angesehenen Kollegen besetzte Fachgebiete. In der Philosophie dominierte hier der Herr Thomasius, dessen *sentiment* und Vortrag nicht nach Wolffs Geschmack waren und der soeben die Neuauflagen der *Einleitung* und der *Ausübung* seiner viel gelesenen Sittenlehre erleben durfte. Im Oktober 1709 kam auch der Pietist Joachim Lange aus Berlin als Professor der Theologie nach Halle, neben Francke leidenschaftlicher Exponent der pietistischen Richtung.

Allerdings verschaffte sich Wolff für seine philosophischen und theologischen Ansichten gelegentlich Gehör in den Leipziger *Acta Eruditorum,* für die er zahlreiche Beiträge verfasste, so z.B. den vom April 1707 über die Möglichkeit, die Wahrheit der christlichen Religion mathematisch zu erweisen, oder den vom November 1707 über die Unsterblichkeit der Seele.

Als Wolff nach wenigen Jahren dann aber doch begann, Vorträge zu halten über Metaphysik, Logik und Moral, und zwar mit zunehmendem Erfolg, liessen die Rückwirkungen nicht lange auf sich warten. Da gab es bei den Herren Theologis Klagen darüber, dass den Studiosis ein Ekel vor der Theologie, ja gar vor der Heiligen Schrift beigebracht würde. Dass Wolff die Leibnizsche Lehre von der prästabilierten

Harmonie vortrug, machte ihn des atheistischen Determinismus verdächtig. Bald hiess es, Wolffs Anhänger vernachlässigten theologische Studien, zeigten sich unbefriedigt durch die heiligen Dogmen und trügen von der Kanzel statt der heiligen biblischen Reden *ihre* Philosophie vor.[20] Vonseiten der Schule des Thomasius erfolgte der Angriff auf den Syllogismus der Wolffschen Methode und beanstandete man, dass ein Mathematiker sich unterfing, über die Verwicklungen dieser Welt zu urteilen, die doch nur ein Jurist richtig zu durchschauen imstande wäre.[21] Lag Thomasius das Ansehen der ihm als Rektor unterstellten Universität Halle am Herzen, als er den inzwischen zum Mitglied der wissenschaftlichen Akademien zu Berlin und London erwählten und als intellektuelle Grösse allgemein anerkannten Wolff davon abriet, einem Ruf nach Wittenberg Folge zu leisten? Oder wollte er gar den ihm Geistesverwandten als ein Gegengewicht zu dem sich in Halle immer erfolgreicher durchsetzenden Pietismus zurückbehalten? In dem sich allmählich zuspitzenden Konflikt zwischen den Fakultäten, namentlich der theologischen, und dem Rationalisten Wolff hielt sich Thomasius merkbar zurück.

Den äusserlichen Anlass zur unüberbrückbaren Konfrontierung der Parteien gab Wolffs berühmte Ansprache vom 12. Juli 1721 bei der Übergabe des Prorektorats an seinen alten Widersacher Joachim Lange: *de Sinarum philosophia practica,* in der er die Moral des Heiden Konfuzius als die vollkommenste pries und ferner behauptete, man könne auch ohne Offenbarung zur Glückseligkeit gelangen. Wolffs weiterer Aufenthalt in Halle war bekanntlich von kurzer Dauer. Im November 1723 erfolgte die von Friedrich Wilhelm I. unterzeichnete Kabinettsorder, wonach Wolff binnen 38 Stunden nach Empfang der Order die Stadt Halle und alle übrigen königlichen Lande bei Strafe des Stranges räumen musste. Vier Jahre später wurde durch königliche Verordnung der Druck und Vertrieb seiner angeblich atheistischen Schriften in ganz Preussen, wurden öffentliche oder private Kollegia über seine Philosophie an allen Universitäten des Landes bei Strafe verboten.

Damit war nun Halle von den "gottlosen Lehren" befreit und waren die Studenten und angehenden Theologen vor einer "greulichen Corruption der Gemüther" bewahrt. Wie ehedem Thomasius seiner Lehren wegen aus Leipzig vertrieben sein Heil in Halle fand, so nahm jetzt Wolff, aus Halle verjagt, seine Zuflucht in dem hessisch-calvinistischen Marburg, wo er seine philosophischen Vorlesungen und Veröffentlichungen bis zu seiner Rückkehr nach Halle kurz vor der Thronbesteigung Friedrichs II. fortsetzte.

Und wie ungefähr ein Menschenalter vorher Pufendorf sein naturrechtlich begründetes Sozialitätsprinzip nach der neuen Methode und unter sorgfältiger Scheidung der Quellen *"per vires rationis"* entwickelt hatte, wie Jahrzehnte darauf Thomasius in Anerkennung der grundsätzlichen Trennung von Glauben und Vernunft seine Sittenlehre vernunftgemäss angelegt hatte, so hat nun auch der ehemalige studiosus Jenensis und indirekte Weigelschüler Christian Wolff seine Schriften, ein ganzes philosophisches System, nach der ihm als untrüglich scheinenden mathematisch-deduktiven Methode verfasst und sich dabei allein von der Vernunft, "durch natürliche Kräfte" und von der Erfahrung leiten lassen.

Seine erkenntnistheoretische Einstellung zum "Mechanismus", zur "mechanischen Philosophie", und überhaupt seine "mechanische Art zu philosophieren", standen ganz im Zeichen des vom naturwissenschaftlichen Fortschritt beeindruckten Jahrhunderts. Der Mechanismus sei längst auf den Thron gesetzt worden, heisst es einmal, und in Engelland habe man dessen Nutzen in der natürlichen Erkenntnis von Gott zur Genüge erkannt und nach Würden gepriesen.[22] Der Gesetzmässigkeit in der physischen Welt entsprechend, gibt es für ihn denn auch sittliche Naturgesetze, von der Vernunft aufgestellte Regeln für unser Handeln, deren Verbindlichkeit bestände, "wenn auch gleich kein Gott wäre". Wer wollte da noch Wolffs Überzeugung von der uneingeschränkten Autorität der menschlichen Vernunft bezweifeln! Dass es bei Wolff um Grundsätzliches, dem Christentum gefährliche Dinge ging, haben seine Gegner früh zu erkennen geglaubt. Joachim Lange traf den Nagel auf den Kopf, als er der Wolffschen Lehre zum Vorwurf machte, die Vernunft der Offenbarung übergeordnet zu haben, während doch "von den Theologis unserer Kirchen das *principium rationis* mit dem *principio revelationis* jederzeit in eine gehörige *subordination* gesetzet worden".[23]

Galt Wolff bei den Orthodoxen und Pietisten als ein Verächter des rechten Glaubens und war seine Lehre als heterodox verschrien, so sah er sich selbst als einen Verfechter der christlichen Religion und als einen Verteidiger der geoffenbarten Wahrheiten, und er war es zweifellos in dem Sinne, als sein Rationalismus die christliche Lehre vernunftgemäss zu unterbauen suchte.

Er hat denn die Vernunft auch nie gegen den Begriff der Offenbarung oder ihren Inhalt ausgespielt, und überhaupt galten ihm die Naturgesetze als Offenbarung, und zwar als Offenbarung der göttlichen Weisheit und Güte. Natürliche Gesetze waren für ihn göttliche Gesetze, insofern alle Wirklichkeit und die ihr innewohnende Gesetzmässigkeit auf göttliche Vernunft zurückgehen.

In auch im Wortlaut zutage tretender Übereinstimmung mit Thomasius, der die Tugend nur so weit dargestellt hatte, "als man dieselbe vermögend ist durch natürliche Kräfte zu erlangen", abhandelte Wolff die Sittlichkeit nur "in so weit man durch den Gebrauch der Kräfte der Natur dazu gelangen kan". Das besagt nun einmal, dass beide Denker der Vernunft moralfördernde Fähigkeit zugesprochen, bedeutet aber auch, dass beide unter sorgfältiger Differenzierung der geistlichen und der säkularen Denksphäre sich auf ein rein weltliches, der Theologie und kirchlicher Bevormundung entzogenes, autonomes Wissensgebiet beschränkt haben in einer Weise, wie wir es von Pufendorf her kennen. "Die von mir behaupteten Lehren", kündigte Wolff in der Vorrede zur Erstauflage seiner *Moral* an, "dienen vielmehr dazu, dass man den Unterscheid der Natur und der Gnade . . . deutlich begreifet". Durchweg hielt er sich "in den vorgesetzten Schrancken der Welt-Weissheit"[24]; er verzichtete auf eine Erörterung der Gnade als Moralfaktor mit dem Hinweis darauf, dass er "bey demjenigen verbleiben müssen, was aus den Gründen der Vernunft erkandt werden mag: hingegen dasjenige bey Seite setzen, was in die Welt-Weissheit nicht gehöret"[25], und er betonte wiederholt, dass er nicht als Gottesgelehrter von der christlichen Tugend rede, sondern als ein Welt-Weiser "bloss von der natürlichen"[26]. Fast glaubt man hier Worte des Thomasius zu vernehmen, dessen Beruf ja auch nicht weiter ging.

Wie dieser die Idee von der vernünftigen Liebe nur als eine Vorstufe oder Staffel zur christlichen Liebe hatte gelten lassen und den Vorrang der christlichen Gnadenethik vor der Vernunftethik nie in Frage gestellt hatte, so gab Wolff ebenfalls der christlichen Gnade den Vorzug vor der natürlichen Vernunft. Es sollten auch seine Lehren nichts weiter sein als "ein Führer zu der Gnade"[27]. Auch in der Wolffschen Moral wird den sittlichen Normen des geoffenbarten Christentums vor denen der philosophischen Ethik stets der höhere Wertrang zugestanden. Von den tugendhaften Handlungen der Christen sagte er, sie seien von ganz anderer Art wie die eines Menschen, "der entweder bloss aus dem Triebe der Vernunft, oder auch wol in Ansehung GOttes eben dasselbe von aussen thut, was ein Christ thut". Ebenso wertunterschiedlich beurteilt werden ferner der aus religiöser Gesinnung heraus sittlich handelnde, "fromme" Mensch und derjenige, der wie der grosse Konfuzius "bloss . . . aus einem natürlichen Triebe der Vernunft"[28] tugendhaft ist.

Nun soll ja auch diese rein vernunftgemässe Moral in erster Linie kein Buch für den bibelgläubigen, "wahren"

Christen sein. Im frommen Vertrauen auf die zum christlichen Lebenswandel verpflichtende Heilige Schrift, bedarf dieser kaum Wolffens *Vernünftiger Gedanken,* zumal in ihnen nicht von den göttlichen Geboten und von der Verdienstmöglichkeit der ewigen Seligkeit die Rede ist, sondern ausschliesslich von der zeitlichen Glückseligkeit und von der "natürlichen Verbindlichkeit" zum sittlichen Handeln. Nichtsdestoweniger kann sich aber auch der rechtgläubige Christ den Gesetzen dieser philosophischen Moral nicht entziehen. Denn die natürliche Verbindlichkeit kann die Beobachtung der von der *ratio* erschlossenen Verhaltensregel von jedem vernünftigen Menschen erzwingen, den Atheisten nicht ausgenommen.[29] Hieraus folgt ein Zweifaches: einmal, dass selbst der Ungläubige dem allgemeinen Sittengesetz unterworfen ist, und ferner, dass dieser des von Gott gewollten, tugendhaften Lebenswandels überhaupt fähig ist. Genügte die moralische Rehabilitierung des Ungläubigen an sich, um Wolff in den Augen überzeugter Glaubenshüter der Ketzerei verdächtig erscheinen zu lassen, so konnte eine so kühne Behauptung wie die von der Hinlänglichkeit der natürlichen Verbindlichkeit diesen Verdacht nur verstärken: "Verständige und vernünftige Menschen brauchen keine weitere Verbindlichkeit als die natürliche; aber unverständige und unvernünftige haben eine andere nötig und die muss die knechtische Furcht für der Gewalt und Macht eines Oberen zurücke halten, dass sie nicht thun, was sie gerne wollten."[30] Derlei Worte aber bedeuten, dass die Ethik des Christentums keineswegs die alleinglückseligmachende ist, dass es neben ihr eine auf die Vernunft der menschlichen Kreatur gegründete und alle Menschen unterschiedslos verpflichtende Moral gibt.

Da dem Wolffschen Rationalismus alle Vernunftwahrheiten und Vernunftgesetze göttlichen Ursprungs, dem göttlichen Willen gemäss und in *dem* Sinne göttliche Offenbarung sind, kann die rationale Motivierung unseres Handelns mit der biblischen Offenbarung auch nicht im Widerspruch stehen.

Vielmehr scheint die *ratio* dazu geeignet zu sein, das göttliche Gebot auch vernunftgemäss zu legitimieren. Das tritt nirgends deutlicher in Erscheinung als an dem Zentralgedanken der Wolffschen Sittenlehre, wonach die Vervollkommnung des Individuums an die seiner Mitmenschen untrennbar gebunden ist und wonach die individuelle Glückseligkeit die Liebe des Mitmenschen — "den andern zu lieben als uns selbst" — zur notwendigen Voraussetzung hat.

Streng logisch und nach der Verfahrensweise der Euklidschen Geometrie führt der Wolffsche Gedankengang gleich im ersten Kapitel des ersten Teils seiner *Vernünftigen Gedanken von der Menschen Tun und Lassen* (1720) zu der seiner gesamten Ethik zugrunde liegenden, dem 18. Jahrhundert ebenfalls aus der stoischen Philosophie her vertrauten allgemeinen Grundregel der Selbstvervollkommnung: *Thue, was dich und deinen Zustand vollkommener machet, und unterlass, was dich und deinen Zustand unvollkommener machet.*[31]

Naturgesetzlichen Charakter erhält diese Regel von den Prinzipien Natur und Vernunft, welche deren "natürliche" Verbindlichkeit bedingen. Denn die Natur, d.h. die natürliche Beschaffenheit der Menschen, gilt als Norm der anzustrebenden Vollkommenheit, während die Vernunft uns dieselbe erkennen lässt und uns damit zum ethischen Wollen zwingt.

Dass dieses an Egozentrismus anklingende Naturgesetz mit seiner Betonung der individuellen Vollkommenheit den wahren ethischen Gehalt der Sittenlehre fragwürdig erscheinen lassen und ihren Verfasser der Gottesferne und des krassesten Egoismus verdächtig machen könnte, hat Wolff zur Auslegung seines Vollkommenheitsprinzips veranlasst: "Ich will hier nicht ausführen, dass die Vollkommenheit unserer Natur und unseres eigenen Zustandes von dem Eigen-Nutze weit unterschieden sey, sondern nur dieses erinnern, welches in folgenden Sonnen-klar soll erwiesen werden, dass sowohl die Ehre Gottes, als die Beförderung des gemeinen Bestens mit unter der Vollkommenheit unserer Natur enthalten ist, wie wir denn daraus beydes ins künftige herleiten werden. Wer Gottes Ehre, und das gemeine Beste nicht nach allen Kräften befördert, dessen Verstand und Wille hat noch einen gar niedrigen Grad der Vollkommenheit erreichet."[32] Eigennutz und Naturgesetz sind unvereinbar: "Wer eigennützig ist, siehet nur auf sich, und suchet seinen Nutzen auch mit anderer ihrem Schaden, woferne er ihn nur ohne seinen grösseren Schaden erhalten kan: hingegen wer sich suchet so vollkommen zu machen als möglich ist, der suchet auch was des andern ist, und verlanget nichts mit anderer ihrem Schaden."[33]

Dadurch, dass hier das gemeinnützige Denken, die Rücksichtnahme auf das Interesse der Mitmenschen, in dem Begriff der individuellen Vollkommenheit mit einbezogen ist, wird der sozialethische Akt, die Beförderung des gemeinen Besten, zum zu erwartenden Begleitprodukt des Selbstvervollkommnungsprozesses. Unsere eigene Vollkommenheit ist und bleibt bei Wolff die Hauptabsicht unseres Handelns. Sozialpraktisch erweitert ist dieser Individualismus jedoch, insofern als die Selbstvervollkommnung unsere soziale Verantwortlichkeit nicht ausschliesst, sondern sie zur absoluten Bedingung macht.

Wie nun Christian Wolff von der sittlichen Verpflichtung zur Selbstvervollkommnung *more geometrico* auf die individuelle und allgemeine Glückseligkeit geschlossen hat, das erfahren wir in dem Eingangsparagraphen (§ 767) des für diese Untersuchung besonders wichtigen, "Von den Pflichten der Menschen gegen andere" überschriebenen IV. Teils seiner Moral: "Der Mensch ist verbunden nicht allein sich und seinen Zustand, sondern auch andere Menschen und ihren Zustand so vollkommen zu machen, als in seinen Kräften stehet. Und also ist er zu allen Handlungen verbunden, dadurch er die Vollkommenheit des anderen und seines Zustandes befördern kan. Da nun in diesen Handlungen die

Beobachtung des Gesetzes der Natur bestehet; diese aber das Mittel unserer Glückseeligkeit ist; so ist der Mensch verbunden zu des andern Glückseeligkeit so viel beyzutragen, als ihm möglich ist."[34] Der sich hieran anschliessende Gedanke von der Identität unserer Pflichten gegen uns und gegen andere dient nun Wolff zur rationalistischen Begründung dessen, was wir heutzutage wohl Sozialfürsorge oder Wohlfahrtshilfe zu nennen pflegen. Was der Mensch sich schuldig ist, das ist er auch anderen schuldig. Wer arbeitsunfähig oder arbeitslos ist, dem schulden wir den nötigen Lebensunterhalt; ja, dem wird die Anspruchserhebung auf unsere Hilfe fast zur Pflicht. Damit ist jedoch unsere Arbeits- und Berufsverpflichtung keineswegs aufgehoben; denn was der Mensch durch seine eigenen Kräfte erlangen könne, das habe er nicht nötig, von einem anderen zu fordern.

Erleichtert wird uns die Erfüllung der obigen Pflichten, wenn wir uns den hilfsbedürftigen Menschen "zugleich mit uns als eine Person" vorstellen, wenn wir uns also mit ihm identifizieren.[35] * Durch die psychologische Identifizierung des Ich mit dem Nicht-Ich wird hier der als Akt der Selbstvervollkommnung geleistete Dienst am Mitmenschen geradezu zu einem Werk der Selbsthilfe.

Auf der Grundlage dieser seiner Auffassung vom natürlichen Streben nach Selbstvervollkommnung und Glückseligkeit und unter Zugrundelegung der auf Leibniz zurückgehenden Definition der Liebe als einer Bereitschaft, sich an der Vollkommenheit und dem Glück des Mitmenschen zu erfreuen, demonstrierte Wolff schliesslich sein rationalistisches Liebesgebot, das bis auf das eine Wort "Nächster" mit dem biblischen praktisch identisch ist:

---

*   Dazu auch § 796: "Derowegen sind wir verbunden, andere Menschen anzusehen, als wenn sie mit uns eine Person wären."

"Weil der Mensch nur das Gute wollen kan: das Gute aber dasjenige ist, was uns und unseren Zustand vollkommener machet, folgends uns Lust oder Vergnügen gewehret; so will er nur, was ihm Lust oder Vergnügen bringet. Derowegen, wenn er eines andern Glückseeligkeit wollen soll; so muss er bereit seyn daraus Vergnügen zu schöpfen, und demnach den andern lieben. Nun ist er verbunden, des andern Glückseeligkeit zu wollen, und also ist er auch verbunden den andern zu lieben. Da wir nun aus des andern Glückseeligkeit so wohl Vergnügen schöpfen sollen, als aus unserer eigenen; so sind wir verbunden den andern zu lieben als uns selbst."[36]

Der Anklang an die biblischen Versionen des Liebesgebots, an Leviticus 19,18 und Römer 13,9 ist unverkennbar. Andererseits wird das aus der Theologie her vertraute Wort "Nächster" bewusst vermieden, an dessen Stelle in dem philosophischen Werk von dem "andern" oder von dem "Menschen" die Rede ist, eine Eigentümlichkeit, die wohl auf die Absicht des Verfassers, die Trennung des theologischen und des philosophischen Denkbereichs sprachlich zu akzentuieren, zurückzuführen ist.

Wolff hat den geoffenbarten Wahrheiten nie seine Hochachtung versagt, und ihm hat auch wohl nichts ferner gelegen, als die Unterspülung der christlichen Religion, zu der er sich bei allem Rationalismus zeitlebens bekannt hat. So äusserte er seine aufrichtige Genugtuung darüber, dass Prediger sich mit Nutzen seiner Moral bedient und alle darin enthaltenen Wahrheiten zu Beweggründen eines christlichen Lebenswandels gemacht hätten. Sein Vorhaben, eine vernunftgemässe Ethik zu schaffen nach der Methode der *mathematicorum,* entsprach dem Geiste der Zeit, der ihn beseelte. Wolff handelte damit im Sinne seines Jahrhunderts, das angeregt durch die grossen Errungenschaften und Entdeckungen der jüngsten Generationen von der Unfehlbarkeit der menschlichen Vernunft überzeugt war. Dass der Offenbarungsinhalt nicht widervernünftig sein kann und dass umgekehrt die vernunftgemässe Lehre mit dem Worte Gottes im Einklang steht, ist die eigentliche Ausgangsstellung der Wolffschen Philosophie. Denn Vernunft- und Offenbarungswahrheiten sind nach Wolff Ausdruck ein und derselben, sich nicht widersprechenden Weisheit Gottes. Damit ergibt sich zwangsläufig der Parallelismus der biblischen und "natürlichen" Satzungen, wofür das Nebeneinander des christlichen Liebesgebots und der vernunftgemässen Liebesverpflichtung ein deutliches Beispiel liefert.

Gleichzeitig soll jedoch die Eigenständigkeit des von theologischer Bevormundung befreiten Denkens betont werden. Und so kommt der säkulare Charakter und die Vernünftigkeit des "natürlichen" Liebesgebots auch in der konsequent durchgeführten Verwendung von theologisch unbelasteten Wörtern zur Geltung. Termini aus der biblisch-klerikalen Sphäre werden möglichst vermieden. Es ist sicherlich kein Zufall, dass Pufendorf und Thomasius in dem unterschiedlichen Gebrauch von *"dilectio proximi"* und *"communis amor"* beziehungsweise von "christlicher" und "vernünftiger" Liebe gleichfalls identische Differenzierungen konsequent durchgeführt haben. Das eine Mal, wo in der Wolffschen Sittenlehre "Liebe des Nächsten" vorkommt und sich auf die einschlägigen Paragraphen bezieht, finden wir den Ausdruck nicht im eigentlichen Text, sondern im Wortregister, das höchstwahrscheinlich nicht vom Verfasser selbst und wohl ohne Verständnis für den terminologischen Aspekt angefertigt worden ist.

Noch fehlt bei Wolff das Wort Menschenliebe, das man seit den zwanziger Jahren des Jahrhunderts vorwiegend als Bezeichnung für den säkularen Liebesgedanken verwendet und das im Erscheinungsjahr von Gottscheds *Ersten Gründen der gesamten Weltweisheit* (1734) erstmalig in einem deutschen Wörterbuch und zwar in der Bedeutung des griechischen Lehnworts Philanthropia aufgenommen wurde.

Johann Christoph Gottsched

Es ist Johann Christoph Gottscheds grosses Verdienst um die Wolffsche Philosophie, eine in deutscher Sprache abgefasste popularisierende Darstellung derselben verfasst zu haben, die neben den *Institutiones philosophiae Wolffianae* des Wolffschülers Ludwig Philipp Thümmig als philosophisches Handbuch jahrzehntelang an Hochschulen und Gymnasien Verwendung gefunden und die in drei Dekaden nicht weniger als sieben Auflagen gesehen hat. Einem protestantischen Pfarrhause in Ostpreussen entstammend, hatte sich Gottsched als Student vornehmlich mit Theologie und Philosophie, darunter mit der Sittenlehre und dem Naturrecht des Thomasius, beschäftigt, bis ihn sein Königsberger Lehrer Georg Heinrich Rast auch an die Wolffsche Philosophie heranführte, die ihm zur wichtigsten Erkenntnisquelle werden und später in dem zum ordentlichen Professor der Poesie an der Universität Leipzig Ernannten ihren einflussreichsten Vermittler und Exegeten finden sollte. Über ihn sind Wolffsches Gedankengut und rationalistische Ausdrucksweise auch in die schöne Literatur und in die deutsche Gemeinsprache eingedrungen.

So eng schliesst sich die *Gesamte Weltweisheit* dem Werke Wolffs an, dass nicht nur die Anordnung der Teile, Abschnitte und Hauptstücke dem Vorbild entspricht, sondern dass selbst dessen Wortlaut von Gottsched in den Überschriften und im Text vielfach übernommen worden ist. So ist zum Beispiel das für die philosophische Ableitung des Liebesgebots entscheidende Kapitel bei Wolff "Von den Pflichten des Menschen gegen andere überhaupt", bei Gottsched "Von den Pflichten gegen andere Menschen überhaupt" betitelt. Die für diese Untersuchung bedeutungsvollsten Paragraphen, in denen nämlich die rationalistische Liebesidee ihre theoretische Formulierung erfährt, sind im Wesentlichen terminologisch identisch — bis auf ein Wort, das Wort Menschenliebe.

"... Nemlich, da die Liebe eine Bereitschafft ist aus eines andern Glückseeligkeit Vergnügen zu schöpfen [sic]; so lieben wir ihn als uns selbst, wenn wir aus seiner Glückseeligkeit eben ein solches Vergnügen schöpffen [sic], als wir haben würden, wenn es unsere eigene wäre. Und diese Liebe treibet eben den Menschen an des andern seine Wohlfahrt zu befördern, so viel ihm möglich ist. Was uns Vergnügen bringet, das thun wir gerne. Wer demnach dem andern zu dienen willig und bereit seyn will, der muss für allen Dingen dahin trachten, dass er mit dieser Liebe erfüllet werde."[37]

"Die Bereitschaft, aus des andern Glückseligkeit ein Vergnügen zu schöpfen, ist die Liebe: und wo diese ist, da erfolget auch die wirkliche Bemühung, dieselbe zu befördern. Nun entsteht aber die Glückseligkeit der Menschen aus ihrer Vollkommenheit, und wer also diese befördert, der befördert auch jene. Da wir aber, vermöge des Obigen, verbunden sind, anderer Menschen Vollkommenheit eben sowohl zu befördern, als die unsrige: *so sind wir auch verpflichtet, aus ihrer Glückseligkeit so viel Vergnügen zu schöpfen, als aus unserer eigenen; das ist, sie so, wie uns selbst, zu lieben.* Wir haben hier keinen Grund gefunden, die allergeringste Ausnahme unter den Menschen zu machen: daher trifft uns auch die Pflicht, im Absehen auf alle und jede Menschen. Und diese Liebe wird also mit Rechte die *allgemeine Menschenliebe* genennet; vermöge welcher ein Tugendhafter aller Welt Gutes gönnet, und wirklich, so oft er Gelegenheit dazu findet, aller Menschen Bestes befördert" [Kursivdruck im Text].[38]

Hatte das Wort Menschenliebe auch schon in den moralischen Wochenschriften gelegentlich Verwendung gefunden, so hat Gottsched es hier zum ersten Male für den spezifisch Wolffschen Liebesbegriff eingesetzt und es damit als moralphilosophischen Terminus zur Bezeichnung der säkularen Liebesidee der Aufklärung eingeführt und verbreitet.

In der dem deutschen Text zugeordneten lateinischen Randglosse (§ 632) ist "Menschenliebe" mit *amor universalis omnium hominum* übersetzt, worin einerseits die ideologische Nähe zur thomasischen "allgemeinen Liebe aller Menschen", andererseits auch der betont universale Charakter dieses Liebesgedankens zum Ausdruck gelangt. In Anbetracht der Allgemeingültigkeit des moralischen Gesetzes und der daraus entspringenden Pflichten allen Menschen gegenüber werde diese Liebe mit Recht die allgemeine Menschenliebe genannt.

Gottsched definiert sie als "eine Fertigkeit, dem Gesetze der Natur, im Absehen auf das ganze menschliche Geschlecht, ein Genügen zu thun" und sieht ihre kosmopolitische Auswirkung in dem Zuwachs an Verstand und Tugend "unter allen Völkern", im Weltfrieden und in der "gemeinschaftlichen Glückseligkeit aller Länder und Städte".[39] Universal oder allgemein ist die Menschenliebe auch in dem Sinne, als sie den Menschen nur nach seinem Menschsein wertet, also soziologische Faktoren ignoriert. Folglich sind dem Tugendhaften alle Menschen einerlei: "Ausländer und Einheimische, allerley Religionsverwandte, jung und alt, Mann und Weib, Freund und Feind". Hier weicht allerdings Gottsched von dem rein Begrifflichen ab und erörtert er die Menschenliebe im Lichte realer gesellschaftlicher Lebensverhältnisse. Indem die Menschenliebe über die engeren Grenzen der sozialen Rangordnung, über Volks- und Religionszugehörigkeit hinwegsieht, entspricht sie dem Geist der Aufklärung auch in seiner Grundauffassung von der natürlichen Gleichheit und in seiner Tendenz zur Toleranz.

Gottscheds Einfluss auf das deutsche Geistesleben im 18. Jahrhundert war keinesfalls auf seinen Anteil an der Verbreitung der Lehre Wolffs beschränkt. Heutzutage erinnert man sich seiner kaum noch als des Propagators Wolffscher Philosophie. Spricht man von seinem Werk — meistens wohl nur noch im engeren Kreise fachinteressierter Literarhistoriker —, so sind es hauptsächlich die zu seiner Zeit viel gelesenen literarischen Erzeugnisse, darunter insbesondere der seit Anfang der vierziger Jahre heiss umstrittene, seit Lessing fast gänzlich verworfene *Versuch einer Critischen Dichtkunst vor die Deutschen* (1730), an die zuerst gedacht wird. So gebieterisch hat er in seinem *Versuch* die Anwendung vernunftgemässer, an Wolffs Philosophie orientierter Regeln und Normen auf das literarische Kunstschaffen gefordert, und so unumschränkt haben seine rationalistischen Kunstanschauungen die literarische Geschmacksbildung der dreissiger Jahre beherrscht, dass er mit Recht als ein literarischer Diktator gegolten hat. Seine Doktrin von der Nutzanwendung und den moralischen Absichten der im Dienste der sittlichen Besserung und Belehrung der Menschen zu stehenden Dichtkunst ist bezeichnend für den Erziehungs- und Bildungseifer, den Gottsched mit den übrigen Aufklärern teilte. Als Quintessenz aller Dichtung galt ihm ein "moralischer Lehrsatz" oder eine "nützliche moralische Wahrheit", die im poetischen Gewande selbst den weniger Gebildeten zugänglich sein sollte. "Ein Gedichte hält in der That das Mittel zwischen einem moralischen Lehrbuche, und einer wahrhaften Geschichte. Die gründlichste Sittenlehre ist für den grossen Haufen der Menschen viel zu mager und zu trocken. Denn die Schärfe in Vernunftschlüssen ist nicht für den gemeinen Verstand unstudirter Leute. . . . Die Poesie hergegen ist so erbaulich, als die Moral, und so angenehm, als die Historie: Sie lehret und belustiget, und schicket sich für Gelehrte und Ungelehrte." Wahrheit und Tugend, heisst es einmal, müsse der einzige Augenmerk eines Poeten sein. Damit war nun die theoretische Fundierung geliefert für die in der Gestalt von "dogmatischen" Poesien erneut zur Blüte gelangten Lehrdichtung. Sie alle, Gellert, Hagedorn, Uz, Cronegk und Lichtwer — um einige der volkstümlichsten und auf das Publikum einflussreichsten Lehrdichter der Zeit zu nennen — haben sich dann und wann in dieser der Wissens- und Tugendverbreitung gewidmeten Dichtungsgattung versucht, was zur Folge hatte, dass das vorher nur den Adepten vertraute Gedankengut der deutschen Frühaufklärung und des Rationalismus nun auch in den Wissensbereich tieferer Bevölkerungsschichten, wenn auch in verflachter und fragmentarischer Form, eingedrungen ist. Bedeutsame Vorarbeit in dieser Hinsicht hatten seit den zwanziger Jahren die "Moralischen Wochenschriften" geleistet, die wie ihre englischen Vorbilder dem gebildeten Bürgertum die Grundgedanken der Vernunftphilosophie und der Naturrechtslehre als praktische Lebensweisheit darreichten. Doch erst in der Dichtung der von der Aufklärung beherrschten mittleren Jahrzehnte des Jahrhunderts fanden die Lehren des neuen Vernunftglaubens einen leicht einprägsamen und allgemeinverständlichen Ausdruck. Mit dem im Jahre 1743 von Gellert veröffentlichten Gedicht "Die Menschenliebe" und dem "Die Glückseligkeit" betitelten von Hagedorn aus demselben Jahre, also etwa ein Jahrzehnt nach dem Erscheinen von Gottscheds *Weltweisheit,* setzte die dichterische Bearbeitung dieser Themen erst so richtig ein, um dann mit der den gesamten Rationalismus in Frage stellenden folgenden Generation wieder zu erlahmen. Demgegenüber hat sich die Menschenliebe als Wort sowie als sittliche Forderung Generationen und jene bitterböse Epoche unseres Jahrhunderts hindurch behauptet, und sie lebt im deutschen Geiste fort als ein der ganzen Menschheit verpflichtetes Humanitätsideal.

III. Kapitel
DIE MENSCHENLIEBE IN DER LEHRDICHTUNG
DES 18. JAHRHUNDERTS

Gellert, Hagedorn, Uz, von Cronegk, Lichtwer,
Dusch

Kaum irgendein zweiter von Gottscheds Schülern erfreute sich als Dichter, Schriftsteller und Lehrer einer so grossen Beliebtheit wie der aus Kursachsen stammende Pfarrersohn *Christian Fürchtegott Gellert.* 1734 war er nach Leipzig gekommen, wo er sich an der Universität als Student der Theologie und Philosophie hatte einschreiben lassen und wo er vier Jahre lang seine Fachvorlesungen fleissig besucht, aber darüber hinaus auch, sicherlich von Gottsched angeregt, Kollegs über die schönen Wissenschaften, Dichtkunst und Beredsamkeit gehört hat und zusammen mit seinen Dichterfreunden Gärtner und Rabener schon früh den Musen zugetan war. Eine zweijährige Studienunterbrechung, während der der in seinen Heimatort zurückgekehrte Studiosus nun Gelegenheit zum Predigen fand, führte bei dem schwächlichen und schüchternen jungen Menschen zur Erkenntnis von seiner Ungeeignetheit für das Predigeramt. Zum weiteren Studium kehrte er anschliessend an die Leipziger Universität zurück, welche ihm als Dichter, Lehrer und seit 1751 als ausserordentlichem Professor zur lebenslänglichen Wirkungsstätte werden sollte.

In den ersten Jahren dieses seines zweiten Leipziger Aufenthaltes zog Gottsched ihn zunehmend in seinen Bann. So beteiligte er sich jetzt als Mitarbeiter Gottscheds an der Übersetzung des *Dictionnaire critique* des französischen Skeptikers Pierre Bayle. Frühe Gedichte und Aufsätze, ganz im Sinne seines grossen Lehrers, erschienen bis zum September 1744 in den unter Gottscheds Einfluss von J. J. Schwabe herausgegebenen "Belustigungen des Verstandes und Witzes", der eigentlichen Zeitschrift der Gottschedischen Schule. Eins dieser frühen dichterischen Erzeugnisse Gellerts ist das im Jahre 1743 erstmalig in den "Belustigungen" veröffentlichte, über zweihundert Alexandrinerverse lange Gedicht *Die Menschenliebe,* das in der 1754 erschienenen Sammlung und in den späteren Ausgaben seiner Lehrgedichte und Erzählungen unter dem veränderten Titel *Der Menschenfreund* aufgenommen worden und so umbenannt besser bekannt ist.

An die Beschreibung des von Menschenliebe beseelten Menschen schliessen sich darin Gedanken an über die Angemessenheit der Nutzbarmachung irdischer Güter für das Wohl der ganzen Menschheit. Kritisiert wird der zur Schwelgerei und Verschwendung verlockende Überfluss an Privatbesitz, welcher nicht dem Allgemeinwohl zugute kommt. Der Dichter fordert die Begrenzung des individuellen Genusses solcher Reichtümer und er besteht darauf, dass das überflüssige Eigentum zur Förderung sowohl geistiger (Wissenschaft) wie materieller (Witwen und Waisen) gemeinnütziger Zwecke verwendet wird. Das Gedicht endet mit einer Anklage gegen den religiösen Fanatismus, gegen die Bekehrungs- und Verfolgungssucht und mit einem Zurückwünschen der von Menschenliebe erfüllten goldnen Zeit der Alten.

Schon die vier Eingangsverse verraten den moralphilosophischen Standort, von dem aus das ganze Gedicht gesehen werden muss:

> Wie selig lebt ein Mann, der seine Pflichten kennt,
> Und, seine Pflicht zu thun, aus Menschenliebe, brennt,
> Der, wenn ihn auch kein Eid zum Dienst der Welt
>   verbindet,
> Beruf, und Eid und Amt schon in sich selber findet.

In völliger Übereinstimmung mit der eudämonistischen Sittenlehre gelangt hier der Mensch durch Erfüllung seiner Pflichten zur irdischen Glückseligkeit. Ausgelöst wird das sittliche Gefühl des Menschenfreundes weder durch Mitleid (der Thränen Kraft) noch durch egoistische Beweggründe, sondern durch die Tatsache, dass er "Wohl" und "Noth" des "Andern" als eigene Lebenssituationen identifiziert, sie im Sinne der Wolffschen Moral gewissermassen als eigene erlebt. Natur und Vernunft, jene Grundfesten des rationalistischen Tugendsystems, dienen ihm als Normen der sittlichen Verhaltungsweise: "Was die Natur befiehlt, was die Vernunft gebeut ... diess reizet seine Triebe ... zu wahrer Menschenliebe."

Wenn sich aus dem Gedicht ferner ergibt, dass all unser Wirken und Streben "der ganzen Welt" zuliebe oder "zum Dienst der Welt" geschehen muss, wenn es ein grosses Vergehen ist, "nichts für die Welt gethan" zu haben, wenn also "die Welt" Fluchtpunkt unseres moralischen Blickfeldes sein soll, dann wird damit jenem ethischen Universalismus das Wort geredet, der, auf das Wohlergehen der gesamten Menschheit gerichtet, der deutschen Aufklärungsmoral seit Thomasius eigen ist.

Zu diesem vom "Geist der Menschenliebe" entfachten Menschheitssinn gesellt sich in dem "aufgeklärten" Menschen ein stark ausgeprägtes kosmopolitisches Lebensgefühl, aus dem heraus auch unser Menschenfreund sich als "Bürger einer Welt" zum Dienste am Mitmenschen verpflichtet fühlt. Auf die religiöse sowie intellektuelle Daseinssphäre angewandt führt die Menschenliebe zur Toleranz Andersgläubiger und zur Respektierung heterodoxer Anschauungen. Das zeigt sehr schön das vorliegende Gedicht. Es enthält das bis dahin vielleicht kräftigste deutsche Dichterwort zugunsten der Gedanken- und Glaubensfreiheit und verurteilt den falschen Glaubenseifer, die Bekehrungs- und Verfolgungssucht seiner Zeit:

Ein treu und redlich Herz wohnt bey Vernunft
in dir;
Allein du denkst, du sprichst, du glaubst nicht so, wie wir:
So siehst du deine Qual in blinder Eifrer Händen,

Die redend heilig sind, und Gott durch Thaten schänden.
Aus Eifer für den Gott, der Liebe nur gebeut,
Verfolgt und drängt man dich, und stösst aus Heiligkeit
Dich schäumend von sich aus, und suchet durch Ver-
heeren,
Durch Martern des Barbars dich christlich zu bekehren,
Hält nicht noch manches Land, aus nie befohlner Pflicht,
Rechtgläubig vor dem Herrn, ein heilig Blutgericht,
Zum Bau des Christenthums und Ketzern zum Ver-
derben,
Die oft weit seliger, als ihre Henker, sterben?

Es handelt sich hier im Grunde um Gedanken, die uns in der Wolff-Gottschedschen Sittenlehre begegnet sind und vermutlich auf diese zurückgehen. Der in diesem Lehrgedicht vorherrschende Geist weicht kaum von dem der *Vernünftigen Gedanken* und der *Weltweisheit* ab und verrät den weltanschaulichen Einfluss, dem Gellert während seiner ersten Dichterjahre in dem Gottschedschen Kreise ausgesetzt war. Das wird auch aus dem Sprachlichen ersichtlich, worin die rational-abstrakte Denkart sich in der Gestalt von Wörtern aus dem Bereich der weltlich-vernünftigen Moral widerspiegelt. Beispiele hierfür sind in unserem Gedicht ausser "Menschenliebe" Wörter wie Natur, Vernunft, Verstand, Erfahrung, Wille, Glück, Ruhe, Geist, Wahrheit, Tugend, Dienst der Welt und andere mehr. Für "Gott", verstanden als der Schöpfergott, steht auch "der Herr" oder "der Almacht Hand".

Eigentümlicherweise hat der Begriff der Menschenliebe in den der Gellertschen Dichtung gewidmeten Stil- und Sprachstudien wenig oder gar keine Beachtung gefunden.* Vom

---

* Fritz Helber (*Der Stil Gellerts in den Fabeln und Gedichten*, Würzburg 1938) nennt "Menschenliebe" nicht bei der Aufzählung von abstrakten Begriffswörtern, Schlagwörtern und Komposita-Bildungen. Vgl. auch die Arbeiten von Ernst Treichel, Emil Werth und Ingeborg Röbbelin.

ideengeschichtlichen Standpunkt aus hat allerdings Kurt May in der Menschenliebe "die Kardinaltugend, das Zentrum im Reich der sittlichen Wertungen des Dichters" gesehen. Er meinte, dass der Zusammenhang dieser Moral mit der christlichen Religion hier am offenkundigsten sei, dass Gellert diesen Liebesgedanken christlich-religiös motiviert und so verstanden habe, als liebten wir die Menschen um Gottes und Christi willen. Die Liebe zum Menschen sei in der Liebe zu Gott gegründet. Als Beweis zitiert May den Vers: "Die Liebe gegen Gott heisst ihn die Menschen lieben."[1]

Nun ist aber der hier angeführte Vers den der späteren Schaffensperiode des Dichters zugeschriebenen *Geistlichen Oden und Liedern,* und zwar dem Gedicht "Der Weg des Frommen", entnommen, in dem, wie überhaupt in dem jüngeren Werk Gellerts, die christliche Komponente in der Tat viel stärker als in dem frühen Menschenliebegedicht in Erscheinung tritt und in dem auch nicht die Rede ist von der Menschenliebe, wohl aber von unseren Pflichten gegenüber dem Nächsten, vom heiligen Mut des Frommen, von Sünden und dem Heil der Ewigkeit. Das gegebene Zitat verweist auf das biblische Doppelgebot der Gottes- und Nächstenliebe, welches der Dichter dann mit grösserer Ausführlichkeit in seinem ganz vom Geiste des Neuen Testaments erfüllten und gewiss nicht willkürlich "Die Liebe des Nächsten" genannten Gedicht behandelt hat.

Es sind im ganzen 54 "geistliche" Gedichte, die in Leipzig 1757 erschienen sind und Gellert zum berühmtesten Kirchenlieddichter der Aufklärung gemacht haben. Für 33 seiner Gedichte hat Gellert Kirchenmelodien angegeben, während für die restlichen die von seinem Freund, dem Leipziger Kantor Johann Friedrich Doles, komponierten "Melodien zu des Herrn Prof. Gellerts geistlichen Oden und Liedern" schon im folgenden Jahre erschienen sind, gefolgt um die Jahrhundertwende von Vertonungen etlicher Gedichte von Haydn und Beethoven. In kurzer Zeit fanden Gellerts Gedichte

umfangreiche Aufnahme in die evangelischen Kirchengesang-
bücher und wurden zum Vorbild der Kirchenlieddichtung der
Aufklärungszeit.[2]

Es fällt einem nicht schwer, in diesen Liedern eine
Bestätigung dessen zu finden, was Gellert in der Vorrede zu
dieser Gedichtsammlung über seine poetische Diktion und
Schreibart ausgesagt hat: Es müsse in geistlichen Liedern zwar
die übliche gewählte Sprache der Welt herrschen; aber noch
mehr, wo es möglich ist, die Sprache der Schrift, diese
unnachahmliche Sprache voll göttlicher Hoheit und ent-
zückender Einfalt. "Oft ist der Ausdruck der Lutherischen
Übersetzung selbst der kräftigste; oft giebt das Alterthum
desselben der Stelle des Liedes eine feyerliche und ehrwürdige
Gestalt; oft werden die Wahrheiten, Lehren, Verheissungen,
Drohungen der Religion dadurch am gewissesten in das
Gedächtniss zurück gerufen, oder die Vorstellung davon am
lebhaftesten in unserm Verstande erneuert." So hat man
denn auch in diesen Gedichten rund 1000 Entlehnungen aus
der Bibel oder, genauer gesagt, Anlehnungen nachgewiesen.[3]
Nach Carsten Schlingmann hielt sich Gellert ausschliesslich an
die Lutherbibel, und zwar hauptsächlich an den Psalter.

Damit scheidet denn für die "geistlichen" Gedichte das
Wort Menschenliebe gänzlich aus. Gehört es doch nicht zur
Sprache der Schrift! Das Gleiche trifft zu für "Menschenfreund" sowie für "Bürger" oder "Bürger einer Welt". Dafür
aber finden die Nomina "Nächster" und "Bruder" um so
mehr Beachtung. Nicht weniger als 21mal kommt das Wort
Nächster vor, achtmal "Bruder" oder "Brüder". Vom "Geist
der Menschenliebe" ist in diesen Liedern erwartungsgemäss
keine Rede.

Es fragt sich nun, ob die unterschiedliche Verwendung
der beiden Begriffe "Menschenliebe" und "Liebe des
Nächsten" im Hinblick auf das in der "Vorrede" Gesagte
lediglich eine rein stilistische Angelegenheit oder ob sie nicht
doch eher als Ausdruck verschiedenartiger Denkweisen anzu-

sehen ist. Die Tatsache an sich, dass das Wort Menschenliebe in den früheren *Moralischen Gedichten* mehrfach, in den *Geistlichen Oden und Liedern* kein einziges Mal vorkommt, dass umgekehrt von der Liebe des Nächsten in jenen niemals, in diesen hingegen wiederholt gesprochen wird, gibt darauf noch keine Antwort.

Schauen wir also weiter!

Was uns an dem Gedicht "Die Liebe des Nächsten" bei einem Vergleich mit dem 14 Jahre vorher veröffentlichten und "Die Menschenliebe" betitelten auffällt, ist zunächst einmal das häufige Vorkommen von Wörtern und Wendungen aus dem Sprachgut der Bibel. In die Augen springen wohlbekannte Verse aus dem ersten Johannisbrief (3,17; 4,16 und 4,20) und dem ersten Brief des Apostels Paulus an die Korinther (1. Kor. 8,6 und 12,12). Weitere Anlehnungen an die Sprache der Schrift lassen sich in dem "geistlichen" Gedicht leicht aufweisen.

Doch besonders wichtig deucht uns das Erkennen der in diesen zwei Liebe-Gedichten zutage tretenden Verschiedenheit ihrer religiös-weltanschaulichen Ausrichtung.

Entbehrte Gellerts "moralisches" Gedicht von der Menschenliebe jedes dogmatischen Hintergrundes und bezeugte es eine förmliche Dogmenflucht (Behrend), so verrät das "geistliche" Gedicht von der Nächstenliebe die innige Frömmigkeit des Dichters und durchströmt dieses ein ganz anderer, vom christlichen Offenbarungsglauben genährter Geist.

Es setzt ein mit dem abgewandelten Johanniswort von der Unteilbarkeit des biblischen Doppelgebots der Gottes- und Nächstenliebe:

> So jemand spricht: Ich liebe Gott!
> Und hasst doch seine Brüder,
> Der treibt mit Gottes Wahrheit Spott,
> Und reisst sie ganz darnieder.
> Gott ist die Lieb, und will, dass ich
> Den Nächsten liebe, gleich als mich.

Wer den notleidenden Brüdern seine Hilfe versagt, der erfüllt nicht das erste Gebot "und hat die Liebe Gottes nicht".

Wie erkennt man den Mangel an Nächstenliebe? Darüber die Strophen 3—7: Wer den Nächsten nicht vor Ehrverletzung und Verleumdung schützt, ihm in der Not nicht uneigennützig und pflichtbewusst mit Güte entgegenkommt, bei Strafvollzug nicht Nachsicht walten lässt, oder wer den Armen nur sorglos Hilfe leistet — "der liebt auch seinen Nächsten (Bruder) nicht". Gleichwertig als Ausdruck wahrer Nächstenliebe steht neben dem eigentlichen Akt des Wohltuns die Gesinnung, die wohlwollende Absicht (Str. 8). Es sind alles Gewissheiten aus dem biblischen Glaubens- und Vorstellungsbereich, die Gellert zur Motivierung der Nächstenliebe folgen lässt: der Mensch als Ebenbild Gottes ("gleich dir" sind wir gütig und wir "lieben, den du liebst" [Str. 9 u. 12]), der "alle Brüder" liebende e i n e Vater im Himmel (Str. 10), die e i n e allen Brüdern verheissene Heilsgewissheit (Str. 11). Lieben wir nun den Nächsten um Gottes und des Erlösers willen — ein Motiv, welches mehrmalig in den geistlichen Gedichten vorkommt —, so wird der Dienst am Nächsten gleichsam zum Gottes-Dienst (Str. 13). Wer ihn verweigert, dem droht "ein unbarmherziges Gericht" (Str. 14).

Unverkennbar ist die geistige Distanz des auf christlichem Glaubensgut fussenden Gedichts von seinem weltlich-moralphilosophischen Gegenstück.

Handelt es sich in dem einen Gedicht in erster Linie um eine Liebestätigkeit, die wir einem hungrigen oder einem nackten, einem an seiner Ehre geschändeten oder einem sonstwie hilfsbedürftigen Nächsten zuliebe ausüben sollen, die also einem jeweilig in Not befindlichen Individuum zugute kommt, so erweist sich dieses Liebeswerk als eine höchst individuelle Nothilfe. Rat wird erteilt, Trost gespendet, Gaben werden ausgeteilt, und der Empfänger all dieser Hilfsleistungen ist der einzelne Mensch in seinem Leid. Mag die Zahl der sich in gleicher Notlage Befindlichen noch so gross sein, im Grunde ist es doch ein individueller Liebesdienst, den der gottselige Mensch dem Einzelnen erbarmungsvoll erweist.

Nun steht auch der Menschenfreund in dem Gedicht von der Menschenliebe zu gleichen oder ähnlichen Liebeswerken bereit. Auch er lässt sich das Wohlergehen seiner Mitmenschen angelegen sein: er erhält die darbenden Frommen, mindert die Zahl der Entblössten und lindert das Elend der Witwen und Waisen. Damit ist aber nur ein Aspekt der Menschenliebe, wohl nicht der wesentlichste, genannt. Denn darüber hinaus wirkt sich die Menschenliebe in einem Wohltun allgemeinerer Art und in unpersönlicher Wohltätigkeit aus, nicht unbedingt ausgelöst durch Mangel und Not. Gefördert werden sollen nichts minder als des Andern "Glück", "Glück und Ruhe" sowie sein "Wohl", während die menschenliebende Gesinnung ferner im Dienst an der Welt zum Ausdruck gelangt, worunter unter anderem auch die Pflege der Wissenschaft und Eintreten für Duldsamkeit und Gewissensfreiheit verstanden werden müssen.

Auch hinsichtlich ihres Wirkungskreises weichen die beiden Liebesbegriffe voneinander ab.

In dem einen Gedicht sind es die hilfsbedürftigen "Brüder" und "Nächsten", denen wir uns mit Liebe zuwenden sollen. Mit ihnen verbindet uns als "eines Leibes Glieder" das konfessionelle Band des christlichen Gottes- und Heilsglaubens. So weit wenigstens der Text. Sollte damit eine Beschränkung der Nächstenliebe auf die Christenheit unter Ausschluss Andersgläubiger und der übrigen Menschheit gemeint sein? Es liesse sich einwenden, dass doch für den Christen jeder Mensch der "Nächste" ist und dass infolgedessen die Liebe des Nächsten die ganze Menschheit umfasst. Einer solchen Deutung der Nächstenliebe kommt Gellert in seinen *Moralischen Vorlesungen,* in denen die Begriffe "Nächstenliebe" und "Menschenliebe" weniger scharf von einander getrennt sind, tatsächlich sehr nahe. Zu denken geben hingegen jene gleichfalls in den *Vorlesungen* enthaltenen Worte, die Gellert anlässlich einer Kontrastierung der Pflichten der Freundschaft und der der allgemeinen Menschenliebe ausgesprochen hat: "Was ist endlich die Bruderliebe der Religion, als die edelste und erhabenste Freundschaft? Was heissen Brüder in der christlichen Religion? Diejenigen die einerley heiligen Glauben und Tugend haben ... Also ist die Bruderliebe eine Art höherer Freundschaft; denn sie setzet göttliche Gesinnungen voraus, ... Die Schrift gebeut, die Wohlthäter insbesondere zu lieben und dankbar gegen sie zu seyn; und ist nicht der wahre Freund mein beständiger Wohlthäter? Werde ich ihm also nicht eine besondre Dankbarkeit schuldig seyn? ... Das Gebot der Bruderliebe geht so weit, dass wir verbunden sind, auch das Leben für die Brüder zu lassen, ...[4] *

Anders verhält es sich mit der Menschenliebe in dem Lehrgedicht. Sie umfasst ganz unzweideutig die gesamte Menschheit, alle, für die der Herr die Güter dieser Erde schuf, alle, "die da sind, und noch gebohren werden". Die ganze Welt wird hier zum Objekt unserer Wohltätigkeit. Der Menschenfreund ist beglückt, wenn seine Hilfe andere Menschen zum "Dienst der Welt" veranlasst, und verurteilt den, der "nichts für die Welt gethan". So dient denn auch die

---

* Hierzu auch die *Pia Desideria oder Hertzliches Verlangen nach Gottgefälliger Besserung der wahren Evangelischen Kirchen* (Frankfurt 1676) Philipp Jacob Speners, des Vaters der pietistischen Bewegung, S. 61: "Freylich bestehet eines glaubigen und durch den glauben seligen menschen gantzes leben und erfüllung der Göttlichen Gebotte in der Liebe.
Desswegen wann wir eine inbrünstige Liebe unter unsern Christen erstlich gegen einander, nachmal gegen alle menschen (welche beyde *brüderliche und gemeine Liebe* müssen auff einander folgen, 2. Pet. I, 7) erwecken, und in die übung bringen können, so ist fast alles was wir verlangen ausgerichtet." (Sperrdruck im Text)

durch Menschenliebe ausgelöste Liebestat dem Wohl des "Andern" wie dem "ganzer Häuser" und "ganzer Länder". Es ist die Idee des ethischen Universalismus kosmopolitischer Färbung, die uns von Gottscheds Weltweisheit her bekannt ist und nun hier in Versen zu Worte kommt. Denn was die Menschen zu diesem Liebesdienst bewegt, ist der über alle Konfessionsunterschiede hinweg verpflichtende "Geist der Menschenliebe", der dem "aufgeklärten" Bewusstsein entspringt, dass alle Menschen Glieder und Bürger einer Welt sind:

> Als Glieder schuf uns Gott, als Bürger einer Welt,
> In der des Einen Hand die Hand des Andern hält.
> Wir trennen dieses Band, und bleiben fühllos stehen,
> Und bauen unser Glück auf Andrer Untergehen.

Fragt man, wie Gellert die uns anbefohlene Liebes- und Hilfstätigkeit motiviert hat, so ergibt sich wiederum ein Zweifaches:

Von dem Nächstenliebegedicht liess sich sagen, dass er darin ausschliesslich christliche Motive verwendete. Erwähnt wurden das Doppelgebot der Liebe, das Vorbildverhältnis Gott-Mensch, Gott als der eine Vater sowie das vom Gottessohn durch seinen Opfertod erwirkte eine Heil. Von aufklärerischen Ideen ist darin keine Spur.

Der Sachverhalt ist ein anderer in dem Gedicht von der Menschenliebe. Allerdings klingt auch da einmal das Vorbildmotiv an, und zwar, wenn der Menschenfreund Gott "als sein Bild, durch wahre Hoheit gleichen" will. An das biblische Liebesgebot wird dann noch erinnert durch "Gott, der die Liebe nur gebeut". Als Motivationsfaktor aber scheidet das religiöse Element aus. Dafür machte Gellert Anleihe bei den Denkern des Naturrechts und des philosophischen Rationalismus, von denen er "Natur" und "Vernunft" als moralphilosophische Grundprinzipien übernahm und als Normen unseres ethischen Tuns anerkannte. Ihm mag Wolffs Sittenlehre und

Gottscheds Kapitel von der Menschenliebe vorgeschwebt haben, als er sich die für uns bedeutsamen Verse zu schreiben anschickte:

Was die Natur befiehlt, was die Vernunft gebeut,
Was dein Bedürfniss heischt, diess reizet seine Triebe,
Auch ohne Ruhm und Lohn, zu wahrer Menschenliebe.

Als Inbegriff alles Guten und Vernünftigen steht hier die Natur im Einklang mit der "aufgeklärten" Auffassung der Welt als der besten aller möglichen Welten und erscheint sie in positiver Beleuchtung als die ihre Erdenkinder mit irdischen Gaben reichlich versorgende, allgütige Mutter, freigesprochen von aller Schuld am Mangel und an der Not in der Welt. Sie ist der wörtlich bekundete Anlass zur Menschenliebe, wenn der Menschenfreund "aus Liebe zur Natur" Gutes tut.

Was diese zwei Gedichte deutlich erkennen lassen, ist das Vorhandensein zweier heterogener Geistesströmungen, die, wie die Gellertforschung längst erkannt hat, das dichterische Gesamtwerk einmal in unüberbrücktem Nebeneinander, einmal in enger und engster Verflechtung durchdringen. Vom Glauben an die Vernunft und vom Offenbarungsglauben gleichzeitig erfüllt, vermochte Gellert sich einzusetzen sowohl für die aufklärerischen Ideen der jüngsten Zeit als auch für die konservativen Lehren aus der christlichen Religion, ohne darin einen Gegensatz oder Widerspruch zu sehen. Denn das Licht der Vernunft wie das der Offenbarung sind für ihn göttlichen Ursprungs, und beide enthüllen ihm, wenn auch in ungleichem Masse, die eine göttliche Weisheit.

Diesen geistigen Dualismus bezeugen ebenfalls Gellerts *Moralische Vorlesungen,* in deren vierte, der "Von dem Unterschiede der philosophischen Moral und der Moral der Religion", er die natürliche und die christliche Sittenlehre auch auf ihre Quelle hin verglich. Die Quelle der natürlichen Sittenlehre sei die Vernunft und das moralische Gefühl des

Guten und Bösen. Zwar habe die christliche Sittenlehre mit der natürlichen dieses Gesetz der gesunden Vernunft gemein, aber sie habe über dasselbe noch eine höhere Quelle, aus der sie schöpft, die Offenbarung. Wie von Thomasius die "vernünftige Liebe" nur als eine Vorstufe der christlichen Liebe gedacht war und wie Wolffs moralphilosophische Lehre lediglich ein Führer zur göttlichen Gnade sein sollte, wie also in beiden Fällen die vernunftgemässe Sittenlehre im Vergleich zur christlichen ins Hintertreffen gerät, so ist auch für Gellert die philosophische Moral der christlichen nicht ebenbürtig. Freilich, beide Lehren erstreben eine Besserung der Sitten. Darüber hinaus jedoch verfolgt die christliche Moral erhabenere Zwecke und geht diese viel weiter als die natürliche: "Sie will nicht bloss das äussere Betragen des Menschen einrichten, und ihn zum vernünftigen Bürger [!] machen, der die öffentliche Ruhe befördert . . . . Sie macht durch den Glauben die Liebe Gottes und des Nächsten zu Grundfesten, auf welchen das ganze Gebäude der Pflichten ruht."

Von einer strengen Scheidung der zwei Denkbereiche in diesen Vorlesungen kann aber nicht die Rede sein. Zwar überwiegt in der einen oder anderen Vorlesung Vernunftdenken über Offenbarungsgläubigkeit und umgekehrt. Jedoch im grossen und ganzen findet Gellerts Geistigkeit hier Ausdruck in einem harmonischen Nebeneinander rationaler und religiöser Gedankengänge. Naturrechtliche und utilitarisch-eudämonistische Ideen aus der rationalistischen Tugendlehre sind mit christlichen Glaubenssätzen, frommen Sprüchen, Psalmen und Zitaten aus dem Alten und Neuen Testament zur gedanklichen Einheit verflochten. Der Gott in den *Vorlesungen* ist der Allmächtige, der Erlöser; er ist aber auch der Schöpfer und Erhalter. Im Streben nach Glückseligkeit, unserem höchsten Gut, erfüllt der Mensch seinen von Gott bestimmten Daseinszweck, und der einzige Weg zu ihr ist ein tugendhafter Lebenswandel. Als Fundamentalgesetz der Moral gilt: "Thue, aus Gehorsam und mit Aufrichtigkeit des Herzens gegen deinen allmächtigen Schöpfer und Herrn, alles, was den Vollkommenheiten Gottes, was deinem eignen wahren Glücke und der Wohlfahrt deiner Nebenmenschen gemäss ist; und unterlass das Gegentheil" (1. Vorl.). Der Ordnung in der Natur nach "sollte der Mensch seinen Schöpfer über alles verehren und lieben, gegen seinen Nebenmenschen liebreich, gerecht und aufrichtig seyn, die Kräfte und Güter, die ihm die Vorsehung verliehen, weislich und mässig gebrauchen. Auf diese Weise würde der Mensch sich den Absichten seines höchsten Wohlthäters gemäss verhalten, sich selbst vollkommner machen, und die allgemeine Wohlfahrt befördern helfen. Dieses ist der Inhalt des Naturgesetzes, welches uns das Gewissen und die Vernunft, wenn wir sie fragen, deutlich lehren" (Anmerkung zur 2. Vorl.).

Da für Gellert die Tugenden der Vernunft und die der Religion zwar ihrer Quelle nach verschieden sind, sich jedoch ihrer Natur nach gleichen (4. Vorl.), ist es begreiflich, dass er es hier mit der Verwendung des *mot propre* nicht so genau nimmt und denn auch ungeachtet der Verschiedenheit ihrer Quellen "Liebe des Nächsten" und "Menschenliebe" synonym gebraucht, d.h. "Menschenliebe" an Stellen einsetzt, wo man den biblischen Terminus erwarten sollte.* Im allgemeinen ist in den *Moralischen Vorlesungen* das Wort Menschenliebe das bevorzugte, und fast ausnahmslos hat Gellert es in diesen als Bezeichnung für unsere Liebespflicht verwendet. Dementsprechend erscheint es auch in der Überschrift "Von der Menschenliebe, dem Vertrauen auf Gott, und der Ergebung in seine Schickungen" der 21. Vorlesung, wo zur ausführlichen Darstellung des Liebesgebots Betrachtungen vernünftiger und christlich-frommer Art abermals in harmonischem Neben- und Miteinander vorgetragen werden.

* So in der 4. und 26. Vorlesung. Man beachte auch das Nebeneinander von "Menschen" und "Brüder".

Wenn Gellert kein Bedenken trug, in den *Vorlesungen* den Ausdruck "allgemeine Menschenliebe" für den christlichen Liebesgedanken zu verwenden, so steht das mit seinem Christentum in keinem Widerspruch und findet das seine Erklärung eben darin, dass nach seiner Meinung das vernunftgemässe Sittengesetz im Wesentlichen mit dem christlichen identisch ist.

Ein Vergleich der zeitgenössischen — d.h. der auf die "natürliche Theologie" und das "Recht der Natur" gegründeten — Moral mit der des griechischen und römischen Altertums gibt Gellert den Anlass, zu den Vorzügen der "philosophischen" Tugendlehre seiner Tage Stellung zu nehmen. Aber wie viel hat doch die neuere Philosophie aus der göttlichen Offenbarung geschöpft! Das hält Gellert den Feinden der Religion und jenen Philosophen entgegen, die den Vorzug ihrer Moral dem eigenen Scharfsinn oder der "gereinigten Philosophie" zuschreiben, die in Wirklichkeit jedoch unwissentlich Religionswahrheiten aussprechen, die ihnen von Kind an eingeschärft worden sind. "Durch den Unterricht, den wir von Jugend auf in den Wahrheiten der Religion empfangen, macht unsre Vernunft dieselben sich eigen, ohne dass wirs wissen. Wir finden sie, wenn wir anfangen selbst zu denken, in unserm Gedächtnisse; und so meynen wir, dass wir sie, so wohl nach ihrem Umfange als nach dem Grade der Gewissheit, allein dem Lichte der Vernunft zu danken hätten" (3. Vorl.).

Das besagt aber doch,

dass einem Christen, mag er sich noch so weit vom Offenbarungsglauben entfernt haben, die Fähigkeit, völlig unabhängig vom Glauben und rein "vernünftig" zu denken, abgesprochen wird;

und dass die "philosophische" oder "natürliche" Tugendlehre der Aufklärung letzten Endes aus vernunftmässig erklärten christlichen Wahrheiten und Tugendbegriffen besteht und tatsächlich nichts anderes als säkularisiertes Christentum darstellt.

Mit der Poetisierung eines Themas wie das der Menschenliebe handelte Gellert ganz im Sinne der vorherrschenden literarästhetischen Doktrin, die Gottsched in Anlehnung an das horazische *prodesse et delectare* aufgestellt hatte und wonach der Dichtkunst sowohl eine unterhaltende als auch erzieherische Funktion zuerkannt war. Der poetischen Bearbeitung solcher an sich unpoetischen, aus der Moralphilosophie stammenden Themen stand da absolut nichts im Wege. Die gründlichste Sittenlehre sei für den grossen Haufen der Menschen viel zu mager und zu trocken, heisst es in Gottscheds *Versuch einer Critischen Dichtkunst*. Die Poesie hingegen sei so erbaulich wie die Moral und so angenehm wie die Historie: "Sie lehret und belustiget, und schicket sich für Gelehrte und Ungelehrte." Die Dichtkunst hat Gottsched gewissermassen in den Dienst der moralischen Erziehung der Menschen gestellt. In dem Bestreben, mit ihrer Glückseligkeits- und Tugendlehre die weitmöglichsten Kreise der Bevölkerung zu erreichen, fand denn die Aufklärung unter den deutschen Dichtern dieser Epoche bereitwillige Verbreiter ihrer Ideen. So war die Zeit des literarischen Rokoko auch die Blütezeit der "dogmatischen" Poesien: der moralischen Gedichte und der Lehrgedichte. Neben allen möglichen Gegenständen sind in diesen vornehmlich eudämonistische Klugheitsmaxime sowie die Grundbegriffe und Hauptgedanken des rationalistischen Tugendsystems behandelt worden. Ganz offensichtlich sind es Gedichte dieser Gattung, auf die wir unseren Blick richten wollen zum Zwecke einer zeitgenössischen Dokumentierung für das Umsichgreifen der Menschenliebe als der Kardinaltugend der säkularen Glückseligkeitsreligion.

Da bietet sich uns als eines der frühesten Gedichte dieser Art das *Die Glückseligkeit* überschriebene von *Friedrich von*

Hagedorn (1704–1754), welches 1743, also in demselben Jahre wie *Die Menschenliebe* Gellerts, in Hamburg, dem Geburts- und Wohnort des Dichters, erstmalig zur Veröffentlichung gelangte und in seiner seit 1750 wiederholt herausgegebenen Sammlung moralischer Gedichte eingereiht ist. Auf der Grundlage horazischer Weisheit und aufgeklärter Lebensauffassung nimmt Hagedorn hierin Stellung zu dem für seine Zeit so aktuellen Problem der Wesensbestimmung wahrer Glückseligkeit und echter Weisheit.

Die philosophische Ausgangsstellung der Wolff-Gottschedschen Sittenlehre, wonach die Weisheit eine Wissenschaft der Glückseligkeit und die Glückseligkeit der Zustand eines beständigen Vergnügens ist, ist auch die Hagedorns:

> Was ist die Weisheit denn, die Wenigen gemein?
> Sie ist die Wissenschaft, in sich beglückt zu seyn.
> Was aber ist das Glück? Was alle Thoren meiden:
> Der Zustand wahrer Lust und dauerhafter Freuden.

Dass wahres Glück einem jeden Menschen zu eigen sein kann, jedenfalls nicht von äusseren Zufälligkeiten abzuhängen braucht, ist der ermutigende Hauptgedanke dieses Gedichts. Schon der Eingangsvers, der besagt, dass das wahre Glück an keinen Stand gebunden ist, spricht ihn aus. Ist bei Hagedorn vom Pöbel die Rede, der in seiner Verblendung den echten Wert eines Menschen nach Scheingütern wie Erbrecht, Geburt, Reichtum und Macht beurteilt, so ist damit nicht an eine soziologisch kategorisierte Gruppe, etwa an einen dritten oder vierten Stand, gedacht, sondern an die Menge der Unwissenden, ungeachtet ihrer beruflichen oder ständischen Zuordnung. Desgleichen ist nicht der Angehörige einer bestimmten Bildungsschicht gemeint, wenn Hagedorn von dem Weisen spricht. Dieser ist

> Im Purpur nicht zu gros, durch Kittel nicht entehrt,
> Stets edler als sein Stand, und stets bewundernswerth.

Die Weisheit findet sich dementsprechend "in würdiger Gestalt bey jeglichem Beruf, in jedem Aufenthalt". Sie allein verleiht dem Menschen seine wahre Grösse.

Was der Dichter unter Wissenschaft versteht, verrät seine Skepsis gegenüber der allzu hohen Bewertung einer rein intellektuellen Bildung. Jedem einseitig veranlagten Forscher- und Gelehrtengeist und aller Kathederweisheit ist er abhold. Den Wert der Wissenschaft sieht er einzig und allein unter dem Aspekt allgemeiner Nützlichkeit:

> Nutzt nicht der grobe Pflug, die Egge mehr dem Staat,
> Als ihm ein Fernglas nutzt, das dir entdecket hat,
> Wie von Cassini Schnee, von Huygens weisser Erde
> Im fernen Jupiter ein Land gefärbet werde?

Was uns glücklich macht, ist nicht Gelehrsamkeit. Was zur Glückseligkeit führt, ist praktische, auf gesundem Menschenverstand beruhende Weisheit, gleichsam die Stimme der Natur, die der tugendhafte Mensch in seinem Streben nach dem wahren Glück befolgt.*

Als die Tugend nun, in der alle übrigen ihren Ursprung haben und in der die Würde der menschlichen Kreatur und ihre ethische Überlegenheit über das Tier ihren Ausdruck finden, bildet "die treue Menschenliebe" die Grundlage aller Tugendhaftigkeit:

> Es quellen nur aus ihr der tugendhafte Muth,
> Der Freunde nie verlässt, und Feinden Gutes thut,
> Den Frieden liebt und wirkt, der Zwietracht Wildheit
> zähmet,
> Und nur durch neue Huld Undankbare beschämet.
> Der Wünsche Mäsigung, wann nichts dem Wunsch entgeht;
> Die Unerschrockenheit, wann alles widersteht;
> Der immer gleiche Sinn, den Fälle nicht zerrütten;

---

* Vgl. die Gedichte: *Der Weise; Schreiben an einen Freund; Die Freundschaft.*

Wahrhaftigkeit im Mund, und Wahrheit in den Sitten:
Die Neigung, die uns lehrt an aller Wohlfahrt bau'n,
Nicht blos auf unsre Zeit und auf uns selber schau'n,
Mit eigenem Verlust der Nachwelt Glück erwerben,
Und für das Vaterland aus eigner Willkür sterben.

In diesem Vorzug liegt, was man nie gnug
                        verehrt,
Der Seele Majestät, der Menschen echter Werth.

Der Menschenliebe zuwider wirken die Laster der Reichen. In thematischer Übereinstimmung mit Gellerts Gedicht stellt Hagedorn ebenfalls gesellschaftskritische Betrachtungen über Verschwendungssucht und Schlemmerei an, und verurteilt er den nicht zum allgemeinen Wohl beitragenden Überfluss an Privatbesitz, "der vertheilt so vielen nützen würde". Wohl eher ethisch-weltbürgerlich als christlich gedacht ist, dass wir dem leidenden Menschen gegenüber zur Hilfeleistung "als Bürger einer Welt" verbunden sind. Und geradezu anti-klerikale Gesinnung bezeugen die den Gellertschen Schlussversen geistesverwandten Zeilen von der Scheinheiligkeit der Betbrüder und von der frommen Hand, die den "Brüdern" schenkt, was sie den "Menschen" nimmt:

Wann Mitleid, Lieb' und Huld mit Seufzen sich
                        verschleichen,
In enge Winkel fliehn, und dir, an Falschheit, gleichen,
Du Rath der Heiligen, die stolze Demuth krümmt!
Zunft! die den Brüdern schenkt, was sie den Menschen
                        nimmt:
Die mit der frommen Hand, die sich zur Andacht faltet,
Nach ihrem innern Licht das Zeitliche verwaltet,
Die Jünger feisster macht, sonst alle von sich stösst,
Die Nackenden bekleidt, Bekleidete entblösst,
Nur philadelphisch liebt, in allem, was geschiehet,
So schlau, als Saint-Cyran, den Finger Gottes
                        siehet,
Sich für sein Häuflein schätzt, und, falscher Bilder voll,
Die Welt ein Babel nennt, dem man nichts opfern soll.

Es blieb dem 1720 zu Ansbach geborenen *Johann Peter Uz* (1720—1796) vorbehalten, den Glückseligkeitsgedanken der vernunftgemässen Sittenlehre in seiner Verflechtung mit dem Epikurismus des literarischen Rokoko dichterisch darzustellen. Wohl am besten bekannt durch seine als Student in Halle zusammen mit Johann Nikolaus Götz unternommene Anakreon-Übersetzung und durch sein von Lessing und Schiller hoch geschätztes Lehrgedicht *Theodicee,* hat Uz unter anderem auch eine Reihe pädagogisch-moralischer Gedichte verfasst, in denen er nach dem Vorbild von Hagedorn und Gellert traditionelle Themen der Aufklärungsethik behandelte.

In seinem *Versuch über die Kunst stets fröhlich zu sein* (1760), in dessen vier in Alexandrinerversen abgefassten "Briefen" er sich mit der in der Rokokodichtung verherrlichten Genussphilosophie auseinandersetzt, folgt er fast ohne Abweichung dem Gedankengang der aufgeklärten Sittenlehre: Glückseligkeit sei nicht bloss der Genuss sinnlicher Freuden — eine Meinung, die man zu Unrecht Epikur unterschoben habe —, sondern "was die Schule sonst das höchste Gute nennt", Ruhe des Gemüts und dauerhaftes Vergnügen. Beides finde der Mensch im Streben nach Vollkommenheit, und Natur und Vernunft allein weisen den Weg zur Tugend, deren Wesenskern die Liebe sei:

> O Tugend, wann du dich den aufgeklärten
>> Blicken
> In deinem Reize zeigst, wer liebt nicht mit Ent-
>> zücken?
>
> . . .
>
> Der Vater der Natur sieht mit Zufriedenheit
> Auf eine Seele hin, die sich dir ganz geweiht.
> Voll Eintracht unter sich, sind ihre stärksten
>> Triebe
> Der Ordnung unterthan; und ihr Gesetz ist
>> Liebe.
>
> . . .

Zur Hilfe stets bereit, wann andre Menschen
leiden,
Der Armen Trost zu seyn, und Nakende zu
kleiden;
Mit ihrem Beyspiel noch, wann sie der Erd
entflieht,
Der Erde wohlzuthun, die sufzend nach ihr
sieht.

So weit das Aufklärerische. Ergänzt wird es im 3. und
4. "Brief" durch Anweisungen zur stoischen Standhaftigkeit
und durch Betrachtungen über die göttliche Regierung,
wonach "alles, was ist, im Zusammenhange recht ist". Im
Vertrauen auf die christliche Heilslehre von der Unsterblichkeit der Seele und in Erwartung der ewigen Glückseligkeit
vermöge der Mensch die Widerwärtigkeiten dieses kurzen
Erdenlebens zu ertragen und "immer fröhlich zu seyn".

Stellt der *Versuch* eine in sich abgeschlossene Glückseligkeitslehre dar, so lassen sich einzelne der darin enthaltenen
Gedanken bereits in Uzens früheren, von Hagedorn erheblich
beeinflussten *Lyrischen Gedichten* nachweisen. In dem ebenfalls *"Die Glückseligkeit"* genannten Gedicht schliesst Uz von
der physischen Ordnung und Harmonie in der Welt auf die
zur Tugendhaftigkeit verpflichtende moralische und folgert
daraus, dass nur in der Erfüllung der sittlichen Pflichten
Glückseligkeit und innere Ruhe liegt. Ähnlich in den *Empfindungen an einem Frühlingsmorgen,* wonach allein das, was
edel, gross und ihrer würdig ist, der Seele ein beständiges
Vergnügen gewährt. Beachtenswert ist im übrigen, dass hier
auf die negative Bewertung materieller Güter nicht nach
anakreontischem Muster die Einladung zur Teilnahme an den
sinnlichen Freuden der Liebe und des Weins, sondern die
Aufforderung zur Tugendübung im Sinne der aufgeklärten
Lebensführung folgt:

[Die Seele] suchet nicht ihr Glück in schimmerreichen
Bürden,
In Ehre, Gold und ekler Pracht,
Nicht bey den thierischen Begierden,
Durch die ein Geist sich Thieren ähnlich macht.

Sie sucht und findet es in reiner Tugend
Armen;
Die sich für andrer Wohl vergisst,
Und, reich an göttlichem Erbarmen
Vom Himmel stammt, und selbst ein Him-
mel ist.

Der Inbegriff der Tugend ist nun auch für Uz die stets auf das allgemeine Wohl gerichtete, alleinglücklichmachende Menschenliebe. Ein Vorbild wahrer Grösse ist ihm der echte Menschenfreund, "der blos aus Menschenliebe / Die Völker glücklich macht und gern verborgen / bliebe".* Beim Tode des früh verstorbenen Dichterfreundes Cronegk klagt Uz um das Herz, das "blos aus Menschenliebe / Den Menschen wohlzuthun sich freut, / Und wenn es auch verborgen bliebe, / Das Gute nicht bereut".** Wieder typisch ist der universale Charakter der Uzschen Tugendidee, nach welcher die gesamte Menschheit unter dem Schutz des moralischen Grundgesetzes steht:

Der ganzen Schöpfung Wohl ist unser erst
Gesetze:
Ich werde glücklich seyn, wenn ich durch keine
That
Dies allgemeine Wohl verletze,
Für welches ich die Welt betrat.***

* *Die wahre Grösse.*
** *Auf den Tod des Freyherrn Von Cronegk.*
*** *Die Glückseligkeit.*

96

Von Uzens weltbürgerlicher Gesinnung zeugen ferner jene Verse, in denen er sich zur guten Tat "als Bürger einer Welt" verpflichtet fühlt und in denen er die Horazsche Klugheitsregel des *carpe diem* nun nicht in bezug auf die instentanen Freuden der epikureischen Genussphilosophie, sondern in Bezug auf die täglichen Pflichten der Menschenliebe anklingen lässt:

Ein grosser und vielleicht der grösste Theil des
Lebens,
Das mir die Parce zugedacht,
Schlich, als ein Traum der Nacht,
Mit leisen Flügeln hin, und war vielleicht ver-
gebens!

Vergebens flammten mir so vieler Tage
Sonnen,
Wenn ich, vom Schöpfer aufgestellt,
Als Bürger einer Welt,
Durch eine gute That nicht jeden Tag gewonnen:

Wenn ich der Tugend Freund und gross
durch Menschenliebe,
Frey von des Wahnes Tyranney,
Wahrhaftig gross und frey,
Erst werden soll, nicht bin, und es zu seyn ver-
schiebe.*

Die Einwirkung der in den vierziger Jahren sich durchsetzenden Gefühlskultur auf die rationalistische Glückseligkeits- und Tugendlehre macht sich bemerkbar in den Lehrgedichten des gleichfalls in Ansbach geborenen, schon im frühen Alter verstorbenen Theaterdichters *Johann Friedrich von Cronegk* (1731–1758). Nach kurzem rechtswissenschaftlichen Studium in Halle hatte dieser sich 1750 zu weiteren Studien nach Leipzig begeben, wo er bald in den Freundeskreis des derweilig Poesie und Beredsamkeit dozierenden

* *Die Wissenschaft zu leben.*

Gellert aufgenommen wurde, der — wie uns Uz berichtet — seinen Geschmack und sein Herz immer mehr bildete und eben so sehr sein Freund als sein Lehrer ward. So schrieb auch Cronegk geistliche Lieder und Lehrgedichte, letztere in solch enger Anlehnung an Gellert und seinen Dichterfreund Uz, dass man von "Gellert-Uzischen Nachahmungen" gesprochen hat.

Obwohl noch überwiegend der aufklärerischen Moral verhaftet insofern als in ihnen an der Grundthese von der Glückseligkeit als dem erstrebenswertesten Gut und von der Tugendhaftigkeit als deren unerlässlichen Voraussetzung nicht gerüttelt wird, verraten Cronegks Lehrgedichte allerdings die Untergrabung der rationalistischen Sittenlehre durch das neue Ethos der "Empfindsamkeit".

Überdies fehlt Cronegk der den Aufklärungsoptimismus kennzeichnende Glaube an das Lehr- und Besserungsvermögen der Sittenlehren. So äussert er wiederholt seinen Zweifel an den "verworrnen Gründen" und den "schwermuthsvollen Sätzen" der stolzen Weisen wie auch an der Sittenrichterei des von ihm stets negativ gezeichneten Moralisten.

In seiner skeptischen Haltung gegenüber dem sittlichen Erkenntnis- und Erziehungswert der Gelehrtenweisheit und gegenüber "aller Redekunst" rät Cronegk zur moralischen Selbstbelehrung durch Selbstanalyse und moralische Gewissenserforschung — "Erforsche, was du bist, und gieb dir selbsten Lehren" —, und nennt er als wirksamstes Mittel zur ethischen Erziehung des Mitmenschen das Vorbild eines nachahmenswerten Lebenswandels. Damit wird bei ihm die sittliche Entscheidung zu einem innerseelischen Vorgang, wird das persönliche Empfinden, das Gefühl oder, "empfindsam" ausgedrückt, das fühlende Herz zum Massstab und zur Norm des moralischen Verhaltens. An die Stelle der Vernunft ist bei Cronegk das Herz als das Organ moralischer Urteilskraft getreten:

O Freund! das wahre Glück giebt uns nur unser Herz.

       . .

Es ist dein eignes Herz die Quelle deiner Lust,
nicht Schimmer, Macht und Stolz. Der Richter
        deiner Brust,
Nur dein Gewissen kann dir wahre Freuden geben.
Wenn dieses dich verklagt, wirst du nie glücklich leben.*

Dagegen bewegt sich Cronegk im weltanschaulichen
Fahrwasser der Aufklärung, wenn er an der Auffassung von
der eigentlichen Bestimmung des Menschen zur Glückseligkeit
festhält

[Hier wirst du, wenn dein Herz Stadt und Ge-
       päng vergisst,
Empfinden, dass der Mensch zum Glück erschaffen ist.*]

und das wahre Glück ganz im aufgeklärten Sinne als
Seelenruhe definiert, deren einziger Born die Tugend ist:

Die Tugend nur allein kann uns die Ruhe geben:
Sie stärket uns im Tod; sie lehrt uns fröhlich leben —*

Jedoch von der gelehrten Tugendlehre abweichend, welche
infolge ihrer Vernunftbetonung zum unbarmherzigen Ausschluss der Unvernünftigen von der Teilnahme am irdischen
Glück führen müsse, besteht Cronegk in gedanklicher Weiterführung teleologischer Überlegungen auf unserem existentiellen Anrecht auf Glückseligkeit:

Der ew'gen Vorsicht Macht kann kein Geschöpfe hassen
Wie wird sie denn allein die Thoren so verlassen?

Ein jegliches Geschöpf erwirbt sich durch sein Seyn,
Zugleich ein Recht zum Glück, ein Recht sich zu erfreun.**

*   *Einladung aufs Land.*
** *An sich selbst.*

Dementsprechend vertritt Cronegk im weiteren die Ansicht —
Hagedorns Glückseligkeitsgedicht mag ihm bei der Abfassung
dieser Verse vor Augen geschwebt haben —, dass das Glück
von intellektuellen und soziologischen Faktoren unabhängig
ist:

> Was braucht man mehr zum Glück, als ein zu-
> friednes Herz?
> Im prächtigsten Pallast und in der tiefsten Höhle
> Kann wahre Freude seyn, so gut als wahrer Schmerz.
> Der Seelen heilge Ruh, von wenigen gefunden,
> Von vielen nicht gesucht, den meisten unbekannt,
> Ist nicht an einen Stand, an einen Ort gebunden;
> Nein, jede Gegend ist des Weisen Vaterland.*

Ist nun das wahre Glück des Menschen ausschliesslich
durch seine Tugendhaftigkeit bedingt und ist diese weniger
als vernunftgemässe denn als vom Herzen kommende Verhal-
tensweise zu verstehen, so erklärt sich, dass für Cronegk die
alleinglücklichmachende** Menschenliebe in erster Linie eine
Herzenssache ist. Damit aber hat die Menschenliebe aufge-
hört, Vernunfttugend zu sein, und ist sie zu einer Angelegenheit der empfindsamen menschlichen Natur geworden:

> Bedaurenswerthes Glück, das Menschenfeindschaft nähret!
> Nur der erkennt sein Glück, der wohl zu thun begehret,
> Der, der im Herzen fühlt, von Stolz und Lastern frey,
> Dass unsrer Menschheit Glück nur Menschenliebe sey.***

Der Wolffianismus hatte bereits seine grössten Triumphe
gefeiert und auch den letzten philosophischen Lehrstuhl im
deutschen Luthertum erobert, als der am besten als Fabel-

---

*   *Sehnsucht nach der Ruhe.*
**   Der Freundschaft mächtger Zug, die stille Menschenliebe
      Macht uns allein beglückt, macht uns alleine reich.
                                 (Sehnsucht nach der Ruhe)
*** *Einladung aufs Land.*

dichter bekannte *Magnus Gottfried Lichtwer* (1719–1783) im Jahre 1758 sein 127 Seiten langes, ebenfalls in Alexandrinern abgefasstes Lehrgedicht *Das Recht der Vernunft* veröffentlichte, in welchem er es unternahm, die wichtigsten Wahrheiten des Naturrechts und der Sittenlehre "nach den Begriffen des Freyherrn von Wolf" ganz im Sinne der Aufklärung einem breiteren Lesepublikum vorzutragen. Von 1737 bis 1741, also zu einer Zeit, als der Wolffianer Gottsched auf dem Gipfel seines Ruhmes stand, hat Lichtwer die unweit seines Geburtsortes Wurzen gelegene Universität Leipzig besucht und dort neben seinem juristischen Hauptstudium auch philosophische, historische und sprachliche Studien betrieben. Vollendet hat er dann sein Rechtsstudium 1743 in Wittenberg, wo er den juristischen Doktorgrad und die philosophische Magisterwürde erwarb und wo er von 1747 bis 1748 als Privatdozent Vorlesungen über Wolffs Logik und Moral hielt. Wie wir aus seinem Briefwechsel mit Gottsched erfahren, nahm dieser an der Veröffentlichung des Lehrgedichts lebhafteste Anteilnahme, ja war dieser es auch, auf dessen Veranlassung die Drucklegung dieses Lehrgedichts durch den Verlag Breitkopf in Leipzig zustande kam.

Im grossen und ganzen folgt *Das Recht der Vernunft* der Gedankenanordnung der Wolffschen *Moral,* und so entsprechen Buch 2 und 3 bei Lichtwer [Pflichten gegen uns selbst und gegen den Leib] dem 2. Teil bei Wolff, Buch 4 [Pflichten gegen Gott] dem 3. Teil und Buch 5 [Pflichten gegen andre Menschen] dem 4. Teil, während bei beiden das 1. Buch bzw. der 1. Teil generelle moraltheoretische Betrachtungen enthält.

Schon die Eingangsverse verraten den Kerngedanken des hier "poetisch" erläuterten Vernunftrechts: unsere naturrechtliche Verpflichtung zur Gottes-, Selbst- und Menschenliebe. An den historischen Tatsachen aus der frühesten Zeit und dem griechischen und römischen Altertum erkennt Lichtwer die zivilisatorische Wirksamkeit der Vernunft, und mit besonderer Verehrung gedenkt er nun jener Grossen, die ihr und ihrem Recht nach Jahrhunderten geistigen Verfalls wieder Geltung verschafft haben:

Gepriesner Verulam! du lehrtest deine Britten,
Das, der erneuten Welt, noch fremde Recht der Sitten,
Ein aufgeklärter Grot mit glücklicherm Versuch
Eröffnet der Natur bisher verschlossnes Buch;
Das Pufendorf, Thomas, und der noch mehr verklärte,
Der, nach Euklidens Art, die Menschen denken lehrte.

Was Lichtwer nun in den ersten vier "Büchern" an Vernunft- oder Naturrechtslehre gemeinverständlich darbietet, geht grösstenteils auf Gedankengut aus der Wolffschen Sittenlehre zurück. Andere Wege geht er, wo er im 5. "Buch", dem von den Pflichten gegen andere Menschen, die Liebe nicht wie Wolff von dem Streben nach Vollkommenheit deduziert, sondern sie mehr in Anlehnung an Pufendorf und Thomasius als eine natürliche Verpflichtung in Anbetracht unserer existentiellen Schwäche und anfänglichen Hilfsbedürftigkeit darstellt:

Auch dir geneigt zu seyn, Freund, Bruder, andres Ich!
Gebeut Natur und Pflicht; wo wär ich ohne dich?
Durch andrer Menschen Thun erhielt ich Geist und Leben;
Die Brust, an der ich sog, hab ich mir nicht gegeben.
Hülfreiche Hände sinds, die mich als Kind ernährt;
Hat nicht des Freundes Mund die Rede mich gelehrt?
Durch Leitung lernt ich gehn; durch treuer Lehrer Gründe
Erkannt ich Gott und Welt, Natur, Gesetz und Sünde.
Was thät ich doch allein; wär ich ein wüstes Feld,
In Furcht, vor Bär und Wolf, der Wittrung bloss gestellt?
Verdammt zur Wurzeln Kost; auf Bäumen und in Höhlen
Die Nacht mit Furcht zu ruhn, des Tages mich zu quälen.
Der Tugend schönste Flur blieb eine Wüsteney.
Wo blieben Grossmuth, bliebest du? Nein! ohne meines gleichen
Würd ich das süsse Ziel der Wünsche nie erreichen.

Drum knüpfte die Natur in uns der Liebe Band,
Gab uns ein fühlend Herz und legte Hand in Hand;
Um mit vereinter Kraft nach einem Zweck zu ringen,
Und brüderlich allhier einander beyzuspringen.

Auch wo Lichtwer im Rahmen des Vernunftrechts auf die Liebespflichten zu sprechen kommt und zwischen zweierlei Recht, dem vollkommenen und dem unvollkommenen, und dementsprechend zwischen zwei Arten von Pflichten, erzwingbaren und unerzwingbaren, unterscheidet, folgt er nicht länger dem Gedankengang der *Moral,* sondern verweist er auf Wolffs *Grundsätze des Natur- und Völker-Rechts,* sind das alles Gedanken, die letzten Endes gleichfalls von der Naturrechtslehre der Frühaufklärung herstammen. Gebraucht er im Laufe des Gedichts wiederholt das Wort Liebe und besingt er zu Anfang des 5. "Buches" in hymnischen Versen die Liebe als "Gottes Bild, des reinen Himmels Kind", so verwendet er im Zusammenhang mit unseren Liebespflichten auch das Wort Menschenliebe, und zwar, vernunftrechtlich verstanden, als Bezeichnung für jene Gesinnung, aus der heraus man seine Liebespflichten dem Mitmenschen gegenüber "ohne Zwang" verrichtet:

Ein unvollkommnes Recht blieb bey den Liebespflichten:
Ein jeder soll sie zwar, doch ohne Zwang, verrichten.
Auch unter deinem Dach nur diese Nacht zu ruhn,
Hab ich kein völlig Recht. Du kannst und wirst es thun.
Wenn du die Liebe kennst: doch, willst du mirs versagen,
So muss mein müder Fuss mich heute weiter tragen.

Zwar wenig Herzen sind von Menschenliebe heiss;
Glut sind wir gegen uns, und gegen Brüder Eis.

Mit dem Abflauen der aufklärerischen Bestrebungen und dem gleichzeitigen Wandel des literarischen Geschmacks zum Irrationalismus hin ging in den sechziger Jahren auch die Blütezeit der Lehrdichtung ihrem Ende entgegen. Herder bedauerte ein Menschenalter später, dass Lichtwers *Recht der*

Vernunft, "dies schöne Gedicht", sowie die Lehrdichtung überhaupt der poetischen Welt seiner Zeit so veraltet schien,[5] und um die Wende des Jahrhunderts meinte der seinerzeit als Moralphilosoph geschätzte Johann Jakob Engel, man würde schwerlich einen Leser finden, der Geduld hätte, Lichtwers Gedicht auszulesen.[6]

Von dem Vorhaben, seine *Moralischen Briefe zur Bildung des Herzens* (1759) in Versen auszuarbeiten, hat *Johann Jacob Dusch* (1725–1787) nach eigener Aussage aus Zeitmangel abgelassen und seine nach dem Muster der ovidischen Heroiden erdichteten "dogmatischen" Briefe statt dessen in Prosa abgefasst. Zur Lehrdichtung im engeren Sinne gehören diese Briefe also nicht. Wenn wir sie hier dennoch berücksichtigen wollen, so deswegen, weil sie zu einer Zeit, wo der Einfluss des philosophischen Rationalismus bereits im Abstieg begriffen war, den Gedanken der Menschenliebe noch einmal in seiner ganzen Bedeutung für den Aufklärungsmoralismus dokumentieren.

Schon als Theologiestudent an der Universität Göttingen hatte der 1725 zu Celle geborene Dichter sich hauptsächlich mit den schönen Wissenschaften und der englischen Literatur beschäftigt. Wie so mancher Theologiestudent der Aufklärungsgeneration hat Dusch sich zunehmend dem Weltlich-Schöngeistigen und dem Moralisch-Erbaulichen zugewandt, wobei ihm seine endgültige berufliche Tätigkeit, erst als Hauslehrer und später als Direktor und Lehrer am Gymnasium zu Altona, nicht im Wege gestanden haben sollte.

Mit seinen Übersetzungen aus dem Englischen und mit einer Reihe zu der Zeit wohl bekannter Gedichte hatte sich Dusch bereits einen Namen gemacht, als die *Moralischen Briefe* 1759 erstmalig in Leipzig erschienen. Es sind zwischen Freunden, Liebenden, Vater und Sohn oder Tochter ausgetauschte fiktive Briefe, welche nebst Trost und Ermutigung für den Adressaten vornehmlich Anweisungen zum tugendhaften Lebenswandel enthalten. Ein Spätling, aber lange noch in Gottscheds Geiste wirksam (Kelchner, *Allg. Dtsch. Biogr.*), versicherte Dusch denn auch, dass sein Werk nicht bloss belustige, sondern auch nütze, dass darin "Moral die Hauptabsicht" sei. Von der Beliebtheit dieser Briefe in Deutschland wie im übrigen Europa zeugen mehrere Auflagen und Übersetzungen ins Französische, Holländische, Dänische, Ungarische und Schwedische.

Als ein Kind zweier Geistesströmungen ist Dusch zugleich Aufklärer und Vertreter der Empfindsamkeit. Als letzterer ist er davon überzeugt, "dass der wichtigste Unterricht auf das Herz geht" (Zueignung), weswegen er denn auch, wie schon aus dem Titel hervorgeht, die Briefe "zur Bildung des Herzens" geschrieben hat. Sind sie dem Verfasser geraten, so sollten sie eine Kenntnis des menschlichen Herzens lehren, sollten sie rühren, das Herz des Lesers in eine sanfte Bewegung setzen und ein Gefühl erregen, welches der Menschenliebe und der Tugend nicht gleichgültig sein könne. Von der Menschenliebe wird gesagt, sie sei von der Natur in unser Herz gelegt. Und ein anderes Mal hören wir, dass das, was die Natur in unsere Herzen gegossen, göttliche Triebe seien (I. Teil, 15. Brief). Es versteht sich, wenn Dusch aus dieser Geisteshaltung heraus die Ansprüche des Herzens gegenüber denen der Vernunft in Schutz nimmt und, um dafür ein Beispiel anzuführen, die "empfindsame Ehe", die Neigungsehe, gegenüber der Vernunft- oder Konvenienzehe verteidigt (I. Teil, 10. Brief).

Handelt es sich hier angesichts solcher Gefühlsbetontheit überhaupt noch um Aufklärungsmoral?

Stellt uns Dusch auch den Menschen mehr als Gefühlswesen denn als Vernunftmenschen dar, so ist es letzten Endes doch die untrügliche Vernunft, der die Entscheidung über unser Tun und Lassen zufallen soll. Als die vier Grundkräfte, die unser Handeln bestimmen, nennt er: Erhaltungskraft, eigene und gemeine Neigungen, womit Eigenliebe und Geselligkeit gemeint sind, und die Vernunft. Diese Kräfte seien gegeneinander abzumessen und so zu ordnen, dass keine von ihnen die andere behindert. Die Entscheidung bei diesem Kräfteausgleich trifft die Vernunft: "Wer soll diese verschiedenen Interessen aus einander setzen, und bestimmen? Wer soll den Kräften ihr Mass vorschreiben, ihren Streit entscheiden, und sie so leiten, dass sie zu einem Endzwecke arbeiten? — Die Vernunft!" Und weiter: "Die Vernunft allein kann diesen Widerspruch berichtigen, und die streitenden Leidenschaften in eine Übereinstimmung setzen, wo sie zu einem Zwecke arbeiten" (II. Teil, 18. Brief). Was aus diesen Briefen dem Leser ständig entgegenschallt, ist die Warnung vor der "Stimme des Triebes", vor den "Wünschen der Natur" und dem "Gebot des Herzens"; was sie ihn lehren sollen, ist die Beherrschung seiner natürlichen Triebe durch die Vernunft.

Duschs Weltanschauung erwächst bei aller "Empfindsamkeit" doch vorwiegend dem Geist der Aufklärung. Er ist überzeugt von der Vollkommenheit und Ordnung in der Welt, deren Einrichtung er mit dem Optimismus des Aufklärers teleologisch erklärt, er denkt sich den Staat modern-naturrechtlich als eine Gesellschaft von Menschen, welche Geselligkeit, Freundschaft, Tugend und das Verlangen, glücklich zu leben, durch ein Bündnis verbunden hat, und er bewegt sich ganz unstreitig in den Bahnen der aufgeklärten Glückseligkeits- und Tugendlehre, wenn er seine "Theorie der Tugend" zum besten gibt. Denn was er in den *Moralischen Briefen* über den Zusammenhang von Glückseligkeit, Tugend und Vernunft zu sagen hat, stammt restlos aus dem Ideeninventar des aufgeklärten Moralismus: Unser eigentlicher Daseinszweck ist die als Gemütsruhe und Zufriedenheit zu verstehende Glückseligkeit. Alle Gesetze der Tugend sind lediglich Mittel zur Beförderung derselben, und alle Pflichten, welche die Tugend uns vorschreibt, haben bloss unsere Glückseligkeit zur Absicht. Glückseligkeit ausser der Tugend suchen, heisse die Seligkeit in der Hölle erwarten (I, 14. Brief). Norm und Richtschnur für die Tugendhaftigkeit ist letztlich wieder das

Gesetz der Natur oder, was auf dasselbe hinausläuft, die Vernunft. "Der Mann, der die Menschen liebet, und ihre Liebe durch Wohltun verdienet; der Mann, dessen Vernunft jede seiner Handlungen billiget; hat die äussere Sicherheit, und die innere Freude: er ist der Schöpfer seiner Freuden, und der Künstler seines Lebens. Er hat eine Glückseligkeit, die sich für jeden Stand, für jede Lebensart schicket, für den Thron, und für die Hütte, in der Einsamkeit, und in der Gesellschaft, auf dem Lande, und in der Stadt: eine Glückseligkeit ... die aus der Harmonie unserer Regungen, Leidenschaften, und Handlungen entsteht; eine Glückseligkeit, welche der Zweck unserer Natur war" (II, 18. Brief). Obenan in der Rangordnung der mannigfachen Tugenden dieses ausgesprochen säkularen Vernunftmoralismus steht die Menschenliebe als Fundamentaltugend im eigentlichsten Sinne: "Menschenliebe ist das allgemeine Grundgebot der Tugend, woraus alle gesellschaftlichen Pflichten sich herleiten lassen: und ohne Menschenliebe verliehren alle Tugenden ihre Seele, wenn ich so reden darf. Menschenliebe giebt ihnen das Leben, die Anmuth, die Schönheit" (I, 17. Brief).

Es deutet bei Dusch auf ein tiefes Menschheitsbewusstsein hin, wenn er, dem die Vaterlandsliebe eine heilige Empfindung war, diese dem umfassenderen Ethos der Menschenliebe unterordnete. Dusch war einer der vielen, die seit Klopstock und dann besonders unter dem Einfluss des Zeiterlebens des Siebenjährigen Krieges den Patriotismus verherrlicht und zum Gegenstand eingehender Betrachtungen gemacht haben. So meinte er denn, dass man dem Staate nicht genug dienen könne und dass der Patriotismus ein schöner Enthusiasmus sei, der uns begeistern und hinreissen sollte, alles für den Staat aufzuopfern. Das Problem des Patriotismus in seiner Beziehung zur Menschheitsgesinnung hat später Lessing zu dem Ausspruch veranlasst, "dass es in jedem Staate Männer geben möchte, die über die Vorurteile der Völkerschaft hinweg wären, und genau wüssten, wo

Patriotismus, Tugend zu sein, aufhöret", einem Ausspruch, den Herder dann bekanntlich den *Freimäurergesprächen* entnommen und in dem 26. seiner *Briefe zu Beförderung der Humanität* abgedruckt hat. Dem Lessing-Herderschen Humanitätsbekenntnis aber schon Jahrzehnte voran ging Duschs von wahrer Menschheitsgesinnung zeugende Aussage, dass man die Begriffe des Patriotismus nicht übertreiben könne, "so lange sie uns nicht verleiten, die allgemeine Menschenliebe zu kränken, und diejenigen als Feinde zu hassen, oder als schlechtere zu verachten, welche Glieder einer andern Gesellschaft sind" (II, 31. Brief).

Dass für die Aufklärer die Menschenliebe Ausdruck wahrer Menschlichkeits- und Menschheitsgesinnung ist, wird durch das Schrifttum der Zeit ausreichend bestätigt. Aus solcher Doppelgesinnung heraus haben denn auch Pufendorf und Thomasius mit dem Hinweis auf die kreatürliche Gleichheit aller Menschen — *quia & alter homo* — die allgemeine Liebe bzw. die vernünftige Liebe aller Menschen zum Postulat der Aufklärung erhoben, hat Gottsched den rationalistischen Liebesgedanken Wolffs als *amor universalis omnium hominum* "in Absehen auf das ganze menschliche Geschlecht" ausgelegt, und haben dann auch die Lehrdichter die Menschenliebe auf alle "Bürger einer* Welt" oder, um mit Johann Jacob Dusch zu sprechen, auf "alle Bürger der Welt" (I, 4. Brief) ausgedehnt.**

---

* bei Hagedorn zur Hervorhebung mit grossem "E" geschrieben! Dazu auch die Verse von Joh. Philipp Withof (1725–1789): "Bei Freundschaft wird genau nur der und der geliebt, / Da Menschenliebe sich Nationen übergibt." (*Akademische Gedichte*, 1782–3).

** Vgl. G. Hay (*Darstellung des Menschenhasses in der deutschen Literatur des 18. und 19. Jahrhunderts,* Frankfurt 1970, S. 139–141), welcher der aufklärerischen, "mit der bürgerlichen Gesellschaftsordnung" verknüpften Menschenliebe die klassische Humanität mit ihrem "die ganze Menschheit umfassenderen Auftrag" gegenüberstellt, damit aber dem ethischen Kosmopolitismus der aufklärerischen Menschenliebe nicht gerecht wird.

RÜCKBLICK UND AUSBLICK

Wenn wir zur zeitgenössischen Dokumentierung des ideengeschichtlichen Vorgangs das Lehrgedicht herangezogen
haben, so deswegen, weil die moralisch-volkserzieherische
Tendenz der Aufklärung in dieser breiteren Bevölkerungsschichten leicht zugänglichen Literaturgattung besonders
deutlich zum Vorschein kommt. Bei der vorangehenden
Darstellung der Idee Menschenliebe im Lehrgedicht haben wir
uns bewusst auf dichterische Aussagen beschränkt, welche
das aufklärerische Ethos als integrierendes Glied im Rahmen
naturrechtlicher und moral-philosophischer Gedankengänge
erkennen lassen. Geht es uns hier doch vornehmlich darum zu
zeigen, dass der Menschenliebebegriff jener Tage als ein aus
der geistigen Gesamtsituation der Aufklärungszeit erwachsenes
Phänomen zu verstehen ist. Unerwähnt geblieben sind daher
manche dem literarisch Geschulten wohlvertraute Verse, die
zwar auch die Tugend der Menschenliebe verherrlichen, aber
zum entstehungsgeschichtlichen Verständnis der Idee kaum
etwas beitragen.

Zusätzliches Quellenmaterial liefern allerdings auch die
sogenannten "Moralischen Wochenschriften", die seit den
frühen Jahrzehnten des Jahrhunderts als Fürsprecher der
aufgeklärten Tugendlehre erschienen sind und in erster Linie
der moralischen Erziehung des Menschen dienen wollten. Der
bedeutendsten und einflussreichsten eine war die von 1724
bis 1726 in Hamburg herausgegebene Wochenschrift *Der
Patriot*. Wohl nirgends lässt sich der Einfluss der thomasischen Sittenlehre auf den Vernunftmoralismus der Aufklärung sicherer nachweisen und wohl nirgends tritt die gedank-
liche Assoziation des thomasischen Konzepts der vernünfti-

gen Liebe anderer Menschen und der seit den 20er Jahren aufkommenden vernunftgemässen "Menschenliebe" offensichtlicher zutage als in dem 114. "Stück" (1726) des *Patrioten*.

Anlass zu einer längeren Abhandlung über die vernünftige Liebe gibt dem Verfasser die schon von den Moralisten des Altertums gestellte Frage: Ob die Gerechtigkeit oder die Liebe für unsere Erste Haupt-Tugend zu halten sei? Er kann sich zugunsten der letzteren umso freimütiger entscheiden als ja auch die allerschönste Lehre des Christentums der Liebe in den menschlichen Herzen den ersten Platz eingeräumt habe. Das christliche Liebesgebot und die vernünftige Liebe oder die Menschenliebe schliessen sich denn für ihn gegenseitig keineswegs aus. Gesehen wird der Mensch als vernünftige, gesellige und infolge seiner natürlichen Notdürftigkeit von seinen Mitmenschen abhängige Kreatur, als zum Zwecke der Selbsterhaltung zur vernünftigen Eigenliebe verpflichtet. "Ja, freylich, geneigter Leser, alles was unsre Seelen verbessern, was unser Leben mässig, vergnügt und ruhiger, auch der menschlichen Gesellschaft sowohl angenehm als erspriesslich machen kann; ist der Vorwurff unserer vernünftigen Eigen-Liebe. Daraus entstehet Zufriedenheit in uns selbst, aufrichtiges Wohlwollen gegen andere, nebst der gantzen Folge einer dienstfertigen Menschen-Liebe zwischen anderen und uns." Letztere ist wesentlich bedingt durch die existentielle Verbundenheit von Einzelmensch und menschlicher Gesellschaft. "Daher", so heisst es dann in kaum zu bezweifelnder Anspielung auf die Lehre des Thomasius, "düncket einen berühmten Sitten-Lehrer unserer Zeit das gantze Wesen des Menschen mehr in einer Liebe anderer Menschen, als in einer so genannten Selbst-Liebe zu bestehen, auch ihn desswegen hauptsächlich zu der ersten verbunden zu seyn, weil ihm ihre Gegen-Liebe zu seiner Erhaltung unentbehrlich ist." Thomasisch gedacht ist, wenn das allgemeine Ziel der Menschen die Glückseligkeit, diese ihrerseits "das Kind einer allgemeinen vernünftigen Liebe" ist, wenn "diese Menschen-Liebe" — hier wird die allgemeine vernünftige Liebe nun auch Menschen-Liebe geheissen! — das ganze menschliche Geschlecht, andererseits aber auch jeden einzelnen Menschen, und zwar auf Grund "unser aller natürlichen Gleichheit" erfasst. Thomasischer Lehre entspricht schliesslich auch der prinzipielle Unterschied zwischen der "allgemeinen vernünftigen Menschen-Liebe" — aus der allgemeinen vernünftigen Liebe ist hier die allgemeine vernünftige *Menschen*-Liebe geworden! — und der "besondern" Liebe, die sich als eine Folge unterschiedlicher Beziehungen in der menschlichen Gesellschaft und Vereinigung ergibt.

Vergegenwärtigt man sich, dass die von Thomasius konzipierte, ausschliesslich auf Vernunftgründen basierende "vernünftige Liebe" als eine Art Stütze, als eine "Staffel" gedacht ist, derer der "wahre" Christ nicht bedarf und die in erster Linie für den weniger Glaubensstarken gedacht ist, so verwundert es einen kaum, wenn die Vernünftigkeit dieses Liebesgedankens sich auch in der sprachlichen Abfassung der ihn propagierenden weltlich-vernünftigen Moralliteratur widerspiegelt, in der man gewöhnlich anstelle theologisch-christlichen Sprachguts ein überwiegend rational-abstraktes antrifft. Demgegenüber begegnet man dem Wort Menschenliebe verhältnismässig selten in glaubensfestem Schrifttum, in dem statt dessen in der Regel die Liebe des Nächsten, die Nächstenliebe oder die brüderliche Liebe den christlichen Liebesgedanken repräsentieren.

Aufschluss über den geistigen Boden der beiden Liebesgedanken dürften auch die epithetischen Ergänzungen "allgemein", "vernünftig", "allgemein vernünftig", "tugendhaft" und dergl. geben, die dem Terminus Menschenliebe in den meisten Fällen beigegeben sind, jedoch der "Liebe des Nächsten" oder der "Nächstenliebe" so gut wie fehlen. Der Ausdruck "allgemeine Liebe des Nechsten" kommt allerdings vor im *Philosophischen Lexicon* von Joh. Georg Walch

111

(Leipzig, ²1733, Spalte 1650); "vernünftige Liebe des Nächsten" oder "vernünftige Nächstenliebe" gibt es wohl kaum.*

Das alles besagt nun nicht, dass das Wort Menschenliebe, welches im Zeitalter der Aufklärung sich schnell als Schlag- und Modewort hat durchsetzen können, nicht auch dann und wann im religiösen Denkbereich wiederkehrt und als Synonym für "Liebe des Nächsten" oder als Bezeichnung für Begriffsverquickungen beider Liebesgedanken, der christlichen und der aufklärerischen, Verwendung gefunden hat. Schon der Hamburger Johann Adolph Hoffman, Mitarbeiter an der Wochenschrift *Der Patriot* und Verfasser der mehrfach aufgelegten *Zwei Bücher von der Zufriedenheit* (hier zitiert nach der 4. Auflage von 1728, S. 529—530), schreibt über die Lieblosigkeit unter Berufung auf Amos, VI: "Dergleichen störrige Härte vertreibet das Creutz aus der menschlichen Gesellschafft, und lehret uns Menschen-Liebe, Sorgfalt vor das gemeine Beste, und Mitleyden mit andern; damit, wenn wir versucht worden sind, wir andern rathen mögen, die versucht werden." Bei dem Dichter Friedrich Gottlieb Klopstock ist es nicht ein gewöhnlicher Sterblicher, sondern der Jünger Johannes, dessen Herz beim Anblick eines Besessenen "vor Menschenliebe . . . erbarmend zerfliesset".[1] Gellert, der in seinen *Moralischen Vorlesungen* das Gesetz der gesunden

---

* Auf das gelegentliche Vorkommen des Wortes Menschenliebe in zwar religionsbezogener, aber völlig anderer Bedeutung, nämlich als Bezeichnung für die Liebe *Gottes* zu den Menschen — so bei den Pietisten Gottfried Arnold (Erfahrungs-Lehre II [1715]) und Gerhard Tersteegen (Geistliche und erbauliche Briefe [1730]), bei Henriette Catherine von Gersdorf (Geistreiche Lieder und Poetische Betrachtungen [1729]), im Zedlerschen Universal Lexicon (1732—1750) und Jahrzehnte später in der moralischen Wochenschrift *Der Mensch* (65. Stück) — sei hier nochmals vorübergehend hingewiesen.

Vernunft sowohl der christlichen Sittenlehre wie der sogenannten natürlichen Moral zugrunde legt, spricht von der Liebe des Nächsten und auch von der allgemeinen Menschenliebe, die für ihn "die Hauptfarbe in dem Gemälde der christlichen Sittenlehre"[2] ist. Vom Standpunkt des aufgeklärten Christentums stellt auch der Schreiber in der moralischen Wochenschrift *Der Mensch* eine Gedankenverbindung her zwischen dem Gebot, den Nächsten zu lieben, und der Menschenliebe.[3] 1769 hält der junge Herder in Riga eine Predigt über "Menschenliebe als die Erfüllung des Gesetzes des Christentums" mit dem Hinweis auf Römer 13,8, und wenige Jahre darauf meint Justus Möser, dass die christliche Religion die Menschenliebe heilige.[4]

Mit zunehmendem Zeitabstand vom Jahrhundert der Aufklärung und mit dem allmählichen Abflauen der moralisierenden Menschheitsverbesserungstendenzen ist den Menschen späterer Generationen das Verständnis für die begriffsterminologische Verschiedenheit der beiden Liebesgedanken vielfach verloren gegangen. Vermutlich unter Verkennung der von der Aufklärung angestrebten und deutlich empfundenen begrifflichen Differenzierung hat man im folgenden Jahrhundert auch von der "christlichen Menschenliebe" gesprochen und hat E. A. Wicke in unseren Tagen die Menschenliebe zwar sehr richtig als "säkularisierte Form der Christlichen Agape" identifiziert. Er war sich dabei aber anscheinend der Tatsache nicht bewusst, dass der Begriff Menschenliebe an sich bereits Säkularisationsprodukt ist.[5] Es trägt schwerlich "zur begrifflichen Klärung dieses Phänomens" Menschenliebe bei, wenn es da heisst, dass das Wort Menschenliebe als "eine religionsterminologische Bezeichnung" der Verkündung der säkularen Liebe stärkeren Ausdruckswert verleiht.

Man muss sich den Stand zwischenmenschlicher Beziehungen im deutschen 18. Jahrhundert vor Augen halten, will man das für die Zeit Aussergewöhnliche an dem aufklärerischen Liebespostulat in seiner ganzen Tragweite begreifen.

Indem nämlich die Menschenliebe unter Berufung auf das naturrechtliche Gleichheitsprinzip jeden und alle Menschen unterschiedslos erfasste, stand sie gewissermassen im Widerspruch zu der derzeitig vorherrschenden, auf konfessionellen, ständischen und beruflichen Trennungen bestehenden gesellschaftlichen Ordnung. Miteinbezogen werden sollten in den Kreis der zu Liebenden nicht nur Ausländer, Religionsverwandte, Freund und Feind, sondern selbst jene, die nicht den rechten Glauben hatten: die Anders- und Ungläubigen, deren Status als "Nächste" im Sinne des christlichen Liebesgebots in dem noch von Religionskriegen und -verfolgungen heimgesuchten Zeitalter ja zum mindesten fragwürdig war. Wie wenn auch der Ketzer, Heide oder Jude einen Anspruch auf Liebe hätte! Da mag denn so manchen unter den Frommen die Menschenliebe als eine allzu tolerante, gottungefällige Zumutung vorgekommen sein! In Anbetracht eines solchen Tatbestandes und angesichts der den Aufklärern offensichtlich nicht entgangenen Diskrepanz zwischen dem christlichen Liebesideal und den realen Gegebenheiten werden die polemischen Auslassungen über den Mangel an wahrer christlicher Liebe und über religiöse Unduldsamkeit nur zu verständlich.

Noch vor der Mitte des Jahrhunderts und nur wenige Jahre nach dem Erscheinen seines Gedichts "Die Menschenliebe" veröffentlichte Gellert seinen viel gelesenen und in zahlreichen zeitgenössischen Übersetzungen weit über die Grenzen des Landes hinaus bekannt gewordenen Roman *Das Leben der schwedischen Gräfin von G**** (1747—48). Dieser kann insofern als wichtiges zeitgenössisches Dokument gelten, als er die erste literarische Rehabilitierung des damals in deutschen Landen fast rechtlosen Juden enthält. Weniger dargestellt als jüdische Individualität denn als namenloser Typus mit grauem Bart und langem polnischen Pelz, liefert der "rechtschaffne Mann", "dieser treuherzige Mann", "mein lieber Jude", der "ehrliche Jude", der dem Grafen in Sibirien "so viele Menschenliebe" erwiesen hat, hier einen Beweis dafür, "dass es auch unter dem Volke gute Herzen gibt, das sie am wenigstens zu haben scheint". "Menschlich" ist in diesem Roman auch der russische Aufseher, also ein Religionsverwandter, der dem Grafen und seinem englischen Schicksalsgenossen die russische Gefangenschaft so sehr erleichtert hat. Ihm danken beide "unaussprechlich für seine Menschenliebe, ob [sie] sie gleich meistens erkauft hatten".

Sollte es Zufall sein, dass die wohltätige Gesinnung dieser zwei Menschen, des Juden und des religionsverwandten Ausländers, hier auf "Menschenliebe" zurückgeführt wird? Und womit begründet doch noch "der Reisende" — wohl der erste in positiver Beleuchtung dargestellte Jude auf der deutschen Bühne — in Lessings kaum zwei Jahre später verfertigtem Einakter *Die Juden* (1749) seine Hilfsbereitschaft bei der Errettung des Barons aus den Händen zweier christlicher, als Juden verkleideter Spitzbuben? "Die allgemeine Menschenliebe verband mich dazu. Es war meine Schuldigkeit; und ich müsste zufrieden sein, wenn man es auch für nichts anders, als dafür, angesehen hätte" (2. Auftritt). Voller Bewunderung für die "Menschenliebe" und den "Grossmut" des Juden bietet dann der Baron dem immer noch nicht als Juden erkannten Reisenden seine einzige Tochter zur Frau an (21. und 22. Auftritt). Dem Publikum will auch Lessing die Tugend da zeigen, wo es sie ganz und gar nicht vermutet.[6] Die Wertschätzung des jüdischen Menschen und die Befreiung der Volksmassen von den Vorurteilen der Kirche gehen hier wie in Lessings bekannterem Drama *Nathan der Weise* Hand in Hand. "Ich bin kein Freund allgemeiner Urteile über ganze Völker" legt Lessing dem tugendhaften Reisenden in den Mund (6. Auftritt), während er den Spitzbuben Martin Krumm, der anscheinend noch ganz unter dem Eindruck der letzten Predigt seines Pfarrers am liebsten "gleich die verdammten Juden alle auf einmal mit Gift vergeben" möchte, wenn er nur könnte, ausrufen lässt: "Gott behüte alle rechtschaffne Christen vor diesen Leuten!" (2. Auftritt).

115

Zwangsläufig führten der Gedanke der allgemeinen Menschenliebe und die Einsicht in die Unvernünftigkeit religiöser Intoleranz zum Einspruch gegen den blinden Bekehrungs- und Verfolgungseifer. So endet schon Gellerts Menschenliebe-Gedicht mit einer Verurteilung derartiger Missstände und einer eloquenten Anklage gegen jene, "die redend heilig sind, und Gott durch Thaten schänden." Von Justus Friedrich Wilhelm Zachariä (1726—1777), dem Gottschedschüler und Dichter der Zeitsatire "Der Renommiste", gibt es ein Gedicht über den "Religionseifer", worin gegen den "frommen Eifer" und den "kriegerischen Priester" zu Felde gezogen wird: "Ach, dass sein Herz nicht sanft und menschenliebend / Dem stillen Geist der Duldung nachgefolget! / So hätt' er nicht von Völkern andre Völker / mit Blut getrennt!" Und dann: "Weit herrlicher, rühmt Fama in die Nachwelt / des Batavers und Preussens Menschenliebe, / Sie sind belohnt." Satirisch blossgelegt werden die theologische Borniertheit der fanatisch orthodoxen Geistlichkeit und die Hohlheit ihrer christlichen Liebesgesinnung gegenüber Andersgläubigen in dem aufgeklärten Roman *Das Leben und die Meinungen des Herrn Sebaldus Nothanker* (1773—76) des Berliner Verlegers Friedrich Nicolai. Es geht darin um die Schicksale und Abenteuer des Sebaldus Nothanker, eines freiheitlich denkenden Theologen der sechziger Jahre (Brüggemann), der wegen seiner religiösen Anschauungen seines Amtes entsetzt und von Ort zu Ort vertrieben wird. Im Holsteinschen, wo er als Hofmeister bei dem Sohne des Archidiakons Mackligius Anstellung findet, hält Sebaldus eine Sonntagspredigt, worin er behauptet, "dass man die Christen von andern Religionsparteien als seine Brüder lieben müsse". Ja, es heisst, er habe sogar gepredigt, "Gott sehe aufs Herz und nicht auf die Lehre, man müsse daher auch tugendhafte Juden und Heiden nicht geradezu verdammen". Grosse Bestürzung unter den kirchlichen Würdeträgern über die "Neuerung in der Lehre". Der Archidiakon, entsetzt über die "gefährliche" und "irrige" Lehre, zieht ihn zur Rechenschaft. Das dabei sich ergebende Zwiegespräch sei hier im Auszug wiedergegeben:

Seb. Und was ist an dieser Lehre Verwerfliches? Gebietet uns nicht die Schrift, unsern Nächsten zu lieben als uns selbst? Ist davon derjenige unserer Nebenmenschen ausgenommen, der in Glaubenssachen anders denkt als wir?

Mackl. Dies will ich nun freilich nicht sagen; nur dünkt mich, in Absicht auf die Sektierer ist's [kat antifrasin] gesagt, dass sie unsere Nächsten sein sollen. Wir mögen sie immer lieben, wenn sie nur weit weg sind. Wenigstens in dieser Stadt ist es nun einmal der Grundverfassung gemäss, dass nur rechtgläubige Lutheraner darin wohnen können, und dabei muss man festhalten. Es ist also hier sehr bedenklich, zu predigen, dass man die Irrgläubigen lieben soll; denn wenn sie erst wissen, dass wir sie lieben, so werden sie auch bei uns wohnen wollen . . .

Seb. Und doch steht von solchen Grundverfassungen, die unserm Nebenmenschen nicht die Luft gönnen wollen, im ganzen Neuen Testamente nicht ein Wort. . . .

Mackl. . . . Man muss keine Neuerungen gestatten . . . Wir können nun einmal keine Irrlehrer, Kalvinisten und dergleichen bei uns haben, also muss man auch nicht lehren, dass man sie lieben müsse.

Sebaldus, der dem Archidiakon mit Vernunftgründen beizukommen sucht, wird die Belehrung erteilt, "auf die Vernunft müsse man in Glaubenssachen überhaupt gar nicht achten". Wieviel Unheil führt Mackligius nicht auf das "unchristliche Vernünfteln" zurück! Der Zufall will es, dass inmitten dieses Gesprächs ein Jude aus Rendsburg zwecks irgendwelcher Händel in das Zimmer tritt. Ein hitziger Bekehrungsversuch scheitert zum Verdruss des Archidiakons, der nicht wenig über den "blinden und verstockten Juden" scheltet. Unser Prediger der Vernunftreligion dagegen, der, wie es am Ende dieses Romans einmal heisst, seine Menschenliebe und Toleranz durch die bildliche Vorstellung des neuen Jerusalems bestätigt, ergiesst sich in Worten menschenliebender Toleranz: "Ach! er ist ein Mensch, wie wir, glaubt von seiner Meinung überzeugt zu sein, wie wir, die ihn mit sich zufrieden macht, wie uns die unsrige. Lassen Sie uns, dem barmherzigen Gotte gleich, der uns alle erträgt, unsre Toleranz nicht nur auf alle Christen, sondern auch auf Juden und alle andern Nichtchristen ausdehnen."[7]

Einer abfälligen Kritik unterworfen wird auch die christliche Liebesgesinnung der Scheinbar-Frommen und Betbrüder, deren scheinheilige Liebestätigkeit auf den eigenen engen Kreis beschränkt bleibt oder über einen Lippendienst nicht hinaus kommt. So schmähte Hagedorn in Versen, deren eigentliche Bedeutung noch ein Johann Jacob Dusch "durchaus nicht auszudeuten weiss"[8], jene Zunft, die "nur philadelphisch liebt" und "die den Brüdern schenkt, was sie den Menschen nimmt: / Die mit der frommen Hand die sich zur Andacht faltet, / Nach ihrem innern Licht das Zeitliche verwaltet". In einem Gedicht von Johann Wilhelm Ludwig Gleim (1719—1803) jammert ein armer Arbeitsmann über die Hartherzigkeit der Christen, namentlich der reichen unter ihnen: "Nur einen Tag! Sie würden sehn, / Wie Menschenliebe fehlet, / Und wie, ein Stücklein Brot erflehn, / Die ganze Seele quälet!"[9] Hierher gehört auch Nicolais Charakterisierung des frömmlerischen Pietisten und Reisegefährten, der unseren Romanhelden Sebaldus Nothanker nach Berlin, der damaligen Hochburg der aufgeklärten Weltanschauung, begleitet und unterwegs recht beflissentlich über diese Stadt voll Irrgläubigkeit und voll Unglauben herzieht, wo alle christliche Liebe erloschen sei. Denn nur "wo Glauben ist, da ist auch Liebe". Des Pietisten eigene "christliche" Liebe stellt sich bei der Ankunft in Berlin heraus, wo er den jetzt hilfsbedürftigen und obdachlosen Sebaldus, diesem den Segen des Herrn wünschend, mitleidslos abschiebt. Zu erwähnen wäre vielleicht noch eine weitere Begegnung des Sebaldus, und zwar die mit dem jungen evangelischen Prediger, "welcher so fein von der wahren christlichen Liebe gepredigt hatte", danach aber den ihn um Obdach und Rat ansuchenden Sebaldus ob seiner Abweichungen von dem wahren evangelischen seligmachenden Glauben die Türe weist.[10] Und schliesslich noch die Gestalt des geldgierigen und geizigen Hartmuth Goldknecht, der, wie der fiktive Briefschreiber im 139. Stück des *Patrioten* (1726) berichtet, einem hilfesuchenden christlichen Handwerksmann seine Geldhilfe unter dem Vorwande des hochheiligen Sonntags verweigert, doch noch am selbigen Sonntage einem zur Sonntagsheiligung ja nicht verpflichteten Juden etliche hundert Mark gegen zwei Prozent monatlich willig vorgeschossen hat, "weil man die Liebe gegen seinen Nächsten, er sey Freund oder Feind, ohne Unterschied ausüben müsse." Auf die unter dem Schein der Ernsthaftigkeit gestellte Frage, ob es nicht möglich sey, dass in unserer Teutschen Sprache die Gewissenshaftgkeit, die Christliche Liebe, die Mässigkeit und Sparsamkeit . . . mit einem bequemeren Namen könnte beleget werden, antwortet der als ein Vertreter der aufgeklärten Weltanschauung zu geltende Patriot mit dem Versprechen, er werde noch in einem besondern Blatte von den Schein-Tugenden sprechen, welche sich . . . mit einem erbarmungswürdigen Selbst-Betrug des Namens einer wahren Tugend anmassen.

Von den Schein-Tugenden! Auch aus weltanschaulich entgegengesetzter Richtung hören wir von *weltlich ehrbaren Scheintugenden,* nämlich aus dem Munde des uns bereits bekannten Pietisten Nicolaischen Gepräges. Es handelt sich um eine höchst beachtenswerte zeitgenössische Bewertung der vernunftgemässen Menschenliebe vonseiten eines – wenn hier auch karikierten – bekenntnistreuen Gläubigen. Hören wir noch einmal, ein allerletztes Mal, dem theologisch-moralischen Zwiegespräch unserer zwei wohlmeinenden Reisegefährten zu zum besseren Verständnis dessen, was wir in diesem Büchlein dargelegt zu haben hoffen:

Der Pietist Ach, wir armen Menschen! wie können wir uns unterstützen, wenn uns die Gnade nicht unterstützte, wie könnten wir etwas Gutes wirken, wenn es die allein-wirkende Gnade nicht wirkte.

Sebaldus Freilich! wir haben alles durch die göttliche Gnade. Aber die Gnade wirkt nicht wie der Keil auf den Klotz. Gott hat die Kräfte zum Guten in uns selbst gelegt. Er hat uns Verstand und Willen, Neigungen und Leidenschaften gegeben. Er will, dass wir tätig sein sollen, so viel Gutes zu tun, als uns möglich ist. Er hat Würde und Güte in die menschliche Natur gelegt.

Der Pietist O welch ein Selbstbetrug . . . Wenn wir Gott wohlgefällig werden wollen, so müssen wir nichts als lauter Elend und Unwürdigkeit an uns sehen . . .

Sebaldus Dies sind gesalbte Schalle, die einer verderbten Einbildungskraft heilig scheinen, die aber keinen Sinn enthalten . . . Ohne den Einfluss einer übernatürlich wirkenden Gnade zu erwarten, können wir Tugenden und edle Taten ausüben. Oder sind etwan Wohlwollen, Menschenliebe, Freundschaft, Grossmut, Mitleiden, Dankbarkeit nicht Tugenden?

Der Pietist Scheintugenden, mein lieber Bruder, weltliche ehrbare Scheintugenden . . . Dies sind nicht die wahren gottgefälligen Tugenden. Wenn Tugenden nicht aus der Gnade entspringen, so sind sie glänzende Laster zu nennen.

Sebaldus Wozu soll man so seltsame Benennungen erdenken? Ich vergebe z.B. den Räubern, die mich beraubt haben, ich wünsche ihre Besserung. Dies ist so wenig die Wirkung einer übernatürlichen Gnade, dass es vielleicht bloss nur die Wirkung meines Alters oder meines Temperaments ist. Ist dies aber deswegen Gott nicht gefällig? Ist es ein Laster?

Der Pietist Wenn es nicht aus Herzlichkeit zu dem blutigen Versöhner geschiehet, so ist es nichts als ein weltliches Tugendbild, eine nachgemachte Frömmigkeit, bei der man ewig verlorengehen kann![11]

Als Nicolais satirischer Roman in den siebziger Jahren erschien, neigte sich das Zeitalter der Aufklärung und mit ihr die aufklärerische Glückseligkeits- und Tugendlehre bereits ihrem Ende zu. Dieses Zeitalter, das Kant auch das Jahrhundert Friedrichs genannt hat, endete fast gleichzeitig mit dem Tode des preussischen Königs und fand in der deutschen Geistesgeschichte, abgesehen von der kurzlebigen anti-aufklärerischen Sturm-und-Drang-Bewegung, seine Fortsetzung in der Epoche der deutschen Klassik, deren Beginn man gemeiniglich mit Goethes italienischer Reise der Jahre 1786/88 festzulegen pflegt. Seit dem Todesjahr Christian Wolffs war eine neue Menschengeneration herangewachsen, deren geistige Grundhaltung nicht länger die des Vernunftmenschentums war, eine Generation, die sich ihrer geistigen Erbschaft zwar nicht entziehen konnte, aber doch unter Aufgabe der mathematischen Denkmethode und des Didaktizismus der Väter nach neuer Denkweise neuen Lebensidealen zustrebte.

Es war eine neue Generation, welcher, nach dem Urteil Herders, die Lehrdichtung schon "so veraltet" schien und welcher ein Gedicht wie Lichtwers "Recht der Vernunft" kein Gefallen mehr abgewinnen konnte. Was dem an Kants Pflicht- und Vernunftmoral geschulten Herder an diesem Gedicht allerdings imponierte, war Lichtwers "Du sollt", seine Auffassung von unserer kategorischen Verpflichtung, sittlich zu leben. Denn diese entsprach dem sittlichen Humanitätsideal der Klassik und Herders eigener, in seinen Humanitätsbriefen vertretenen Anschauung von der Humanität als unserer unumgänglichen, allgemeinen, ersten Pflicht.

Nicht das Streben nach irdischer Glückseligkeit galt jetzt als der eigentliche Endzweck des menschlichen Daseins, sondern die Bildung des Menschen zur Humanität, zur reinsten Menschlichkeit im Dienste der Menschheit. An die Stelle des utilistischen Eudämonismus und der vernunftgemässen Tugendlehre ist nun das klassische Lebensideal getreten, wonach der Mensch nicht mehr aus Zweckmässigkeitsgründen oder aus Lebensklugheit das Gute tun wird, sondern lediglich weil es das Gute ist. Es ist der seit dem Humanismus der frühen Neuzeit wieder aufgegriffene klassisch-antike Gedanke von der Wertschätzung und sittlichen Würde des Menschen, der diesem Humanitätsideal zugrunde liegt und hier zu seiner vollen Auswirkung kommt. "Das Hauptgut wollen wir ja nicht vergessen, das uns die tiefere Betrachtung der Menschennatur für alle Zeiten erworben hat; es ist die *Erkenntnis unsrer Kräfte und Anlagen, unsres Berufes und unsrer Pflicht.* Eben in dem, wodurch der Mensch von Thieren sich unterscheidet, liegt sein Charakter, sein Adel, seine Bestimmung; er kann sich davon so wenig als von der Menschheit selbst lossagen. Dies ist das wahre *studium humanitatis,* in welchen uns Griechen und Römer vortreflich (sic) vorgegangen sind; Schande, wenn wir ihnen nachbleiben wollten!"[12] Nicht aus Frömmigkeit und nicht im Namen des göttlichen Gebots geschieht die humanitäre Guttat, sondern wie im Falle der vernunftgemässen Menschenliebe unter Berufung auf ein säkulares Prinzip.

Da die aufklärerischen Termini wie Menschheit, Menschlichkeit, Menschenrechte, Menschenpflichten, Menschenwürde und Menschenliebe seiner Meinung nach nur Teilbegriffe des einen grossen Lebenszwecks enthielten, entschied Herder sich in Anlehnung an die klassisch-humanistische Tradition für das Wort Humanität, an welches unter Alten und Neueren die besten Schriftsteller so würdige Begriffe geknüpft hätten (27. Humanitätsbrief).

Wie in der Aufklärung die Idee der Menschenliebe die christliche Nächstenliebe verdrängt hat, so hat im Zeitalter des deutschen Idealismus die Humanitätsidee den Gedanken der vernunftgemässen Menschenliebe verdrängt. Doch leben beide Ideen, Menschliebe und Humanität, neben der christlichen Liebe des Nächsten in der deutschen Geistesgeschichte fort.

LITERATURNACHWEIS

Quellen zum ersten Kapitel

A. Schopenhauer, Sämmtliche Werke, Leipzig (Brockhaus) 1891, Bd. IV.

F. Nietzsche, Gesammelte Werke, München (Musarion) 1920—1929.

M. F. Scheler, Vom Umsturz der Werte, Bern (Francke) 1955.

Quellen zum zweiten Kapitel

1   H. Schöffler, Deutscher Geist im deutschen Osten, Frankfurt 1940.
2   E. Wolf, Grosse Rechtsdenker, Tübingen 1963.
3   S. Pufendorf, De Jure Naturae et Gentium Libri Octo. In: The Classics of International Law, Oxford & London 1934, II, 2, 7.
4   J. G. Walch, Philosophisches Lexicon, Leipzig [2]1733, Spalte 1285—1286.
5   S. Pufendorf, a.a.O., II, 3, 14.
6   S. Pufendorf, Acht Bücher vom Natur- und Völker-Rechte, Frankfurt 1711, II, 3, 15 (Kursivdruck im Text)
7   S. Pufendorf, a.a.O., II, 3, 18.
8   H. Welzel, Die Naturrechtslehre Samuel Pufendorfs, Berlin 1958.
9   S. Pufendorf, De Officio Hominis et Civis Juxta Legem Naturalem Libri Duo. In: The Classics of International Law, New York 1927, Vorwort.
10 Christian Thomasius, Institutionum Jurisprudentiae Divinae Libri Tres, Halle 1717, S. 7 (Dissertatio Prooemialis).
11 E. Gigas, Briefe Samuel Pufendorfs an Christian Thomasius (1687—1693), München und Leipzig, 1897.
12 Christian Thomasius, a.a.O., I, 4, 55.
13 Christian Thomasius, Von der Kunst Vernünftig und Tugendhaft zu lieben; Oder: Einleitung der Sitten-Lehre, Halle [7]1720, Vorrede.
14 Christian Thomasius, Von der Artzeney Wieder die unvernünftige Liebe, Oder: Ausübung der Sitten-Lehre, Halle [7]1720, XV, 6.
15 H. M. Wolff, Die Weltanschauung der deutschen Aufklärung, München 1949, S. 37.

16 H. Wuttke, Christian Wolffs Lebensbeschreibung, Leipzig 1841, S. 121—122.

17 H. Wuttke, a.a.O., S. 127—128.

18 H. Wuttke, a.a.O., S. 128.

19 H. Wuttke, a.a.O., S. 133—134.

20 H. Wuttke, a.a.O., S. 16.

21 J. Schmidt, Geschichte des geistigen Lebens in Deutschland von Leibnitz bis auf Lessing's Tod, Leipzig 1862, S. 381.

22 Christian Wolff, Vernünfftige Gedancken von Gott, der Welt und der Seele des Menschen, Auch allen Dingen überhaupt, Halle 1751, Vorbericht zu der vierten Auflage (1729).

23 H. Wuttke, a.a.O., S. 18—19.

24 Chr. Wolff, Vernünftige Gedancken von der Menschen Thun und Lassen, zu Beförderung ihrer Glückseeligkeit, Halle 1752, § 47.

25 Chr. Wolff, Von der Menschen Thun und Lassen, Vorbericht (1728).

26 Chr. Wolff, Von der Menschen Thun und Lassen, Vorrede (1722).

27 Chr. Wolff, Von der Menschen Thun und Lassen, Vorrede (1720).

28 Chr. Wolff, Von der Menschen Thun und Lassen, Vorbericht (1728).

29 Chr. Wolff, Von der Menschen Thun und Lassen, Vorbericht (1728).

30 Chr. Wolff, Von der Menschen Thun und Lassen, Vorrede (1722).

31 Chr. Wolff, Von der Menschen Thun und Lassen, § 19.

32 Chr. Wolff, Von der Menschen Thun und Lassen, § 42.

33 Chr. Wolff, Von der Menschen Thun und Lassen, § 43.

34 Chr. Wolff, Von der Menschen Thun und Lassen, § 767.

35 Chr. Wolff, Von der Menschen Thun und Lassen, § 773.

36 Chr. Wolff, Von der Menschen Thun und Lassen, § 774—775.

37 Chr. Wolff, Von der Menschen Thun und Lassen, § 775—776.

38 Joh. Chr. Gottsched, Erste Gründe der gesammten Weltweisheit, Leipzig [7]1762, Praktischer Teil, § 222.

39 Joh. Chr. Gottsched, a.a.O., Praktischer Teil, § 632.

Werke:

C. F. Gellert, Sämmtliche Werke, Carlsruhe 1818.

F. von Hagedorn, Sämtliche poetische Werke, Carlsruhe 1777.

J. P. Uz, Sämmtliche Poetische Werke, Wien 1769.

J. F. von Cronegk, Sämtliche Schriften, Neuttlingen 1777.

M. G. Lichtwer, Das Recht der Vernunft in fünf Büchern, Leipzig 1758.

J. J. Dusch, Moralische Briefe zur Bildung des Herzens, Leipzig 1762.

1 K. May, Das Weltbild in Gellerts Dichtung, Frankfurt 1928.

2 E. Werth, Untersuchungen zu Chr. F. Gellerts Geistlichen Oden und Liedern, Breslau 1936.

3 C. Schlingmann, Gellert. Eine literarhistorische Revision, Bad Homburg v.d.H. 1967.

4 C. F. Gellert, a.a.O., Bd. 7, S. 160–161 (24. Vorlesung).

5 J. G. Herder, Herders Sämmtliche Werke, Berlin 1881, Bd. 17, S. 161.

6 J. J. Engel, Schriften, Berlin 1801–1806, Bd. 11, S. 184.

1   Messias II. Gesang, v. 89—92.

2   C. F. Gellert, a.a.O., Bd. 6, S. 89 (4. Vorlesung).

3   Der Mensch, eine moralische Wochenschrift, Halle 1765, Bd. 1, 65. Stück.

4   J. Möser, Patriotische Phantasien, Berlin 1858, Bd. 2, S. 163.

5   E.-A. Wicke, Das Phänomen der Menschenliebe im expressionistischen Drama als säkularisierte Form der christlichen Agape, Marburg 1952.

6   G. E. Lessings sämtliche Schriften, Stuttgart u. Leipzig 1886—1919, Bd. 5, S. 270 (Vorrede zu: Schriften. Dritter Teil, 1754).

7   F. Nicolai, Das Leben und die Meinungen des Herrn Magister Sebaldus Nothanker, in: Deutsche Literatur in Entwicklungsreihen, Leipzig 1938, Reihe 14 (Aufklärung), Bd. 15, S. 207—216.

8   J. J. Dusch, Briefe zur Bildung des Geschmacks, Leipzig u. Breslau 1767, 3. Teil, S. 26.

9   J. W. L. Gleim, Sämmtliche Werke, Halberstadt 1811—1913, Bd. 1 ("Zwei Lieder eines armen Arbeitsmanns"; 1. Lied).

10 F. Nicolai, a.a.O., S. 124—132.

11 F. Nicolai, a.a.O., S. 118—120.

12 Herders Sämmtliche Werke, Berlin 1877—1913, Bd. 17, S. 143 (29. Humanitätsbrief).